Alexander Geist

Materialien und Kopiervorlagen zu

Myron Levoy
Der gelbe Vogel

Hase und Igel®

Inhalt

Bildnachweis: © Shutterstock – Everett Historical: S. 17; Fotosr52: S. 27; Adam Gregor: S. 29

www.hase-und-igel.de
Lektorat: Anna Schultes, Patrik Eis
Satz: Appel Grafik München GmbH
Illustrationen: Johann Brandstetter

ISBN 978-3-86760-759-9
4. Auflage 2021

„Der gelbe Vogel" – Das Buch im Unterricht

Das Buch

„Der gelbe Vogel" ist nicht nur ein Jugendbuchklassiker, sondern zugleich ein Werk von ungebrochener Bedeutung und überraschender Aktualität: Die eine Hauptfigur, der zwölfjährige Alan Silverman, kämpft mit Problemen, die im Kern nach wie vor typisch für diese Altersstufe sind. Die andere, die zwölfjährige Naomi Kirschenbaum, ist ein durch Kriegsereignisse schwer traumatisiertes Flüchtlingskind. Dabei wird dieses Buch trotz seines Alters – die amerikanische Originalausgabe erschien 1977 – und eines für heutige Jugendliche weit zurückliegenden historischen Kontextes („Drittes Reich", Zweiter Weltkrieg) auch Ihre Schüler dank der eindringlichen erzählerischen Gestaltung erreichen.

Der 1944 spielende Roman schildert das Geschehen aus Alans Perspektive. Er ist ein ganz normaler Junge, der in einfachen Verhältnissen im New Yorker Stadtteil Queens lebt, ein guter Schüler, aber sozial kaum integriert und daher sehr darauf bedacht, bei anderen Jungen Anerkennung zu finden und vor allem seinen besten und einzigen Freund Shaun Kelly nicht zu verlieren. Beide sind befreundet, obwohl Alan Jude und Shaun Katholik ist. Schon am Anfang wird deutlich, dass auch in den USA seinerzeit Religionszugehörigkeit mit Vorurteilen verbunden war, denn ein weiterer Junge, Joe Condello, zeigt bereits hier eine antisemitische Haltung, die am Ende die Katastrophe einleitet.

In die Wohnung der Familie Liebman in Alans Haus zieht ein Mädchen, Naomi, zusammen mit seiner Mutter ein. Die beiden flohen aus Frankreich in die USA, nachdem das Kind Furchtbares hatte miterleben müssen: Ihr Vater, der die Résistance in Paris unterstützte, wurde vor ihren Augen von der Gestapo erschlagen. Die Flucht dauerte Jahre und Naomi ist inzwischen schwer traumatisiert, kaum kommunikationsfähig und wird häufig von Panikattacken heimgesucht. Alans Eltern bitten ihn auf Anregung von Naomis Arzt, sich als Gleichaltriger um sie zu kümmern. Obwohl er eigentlich mit Mädchen nichts zu tun haben will, da sie unter Jungen als dumm gelten und er sich vor Sanktionen seiner Altersgenossen fürchtet, übernimmt Alan die Aufgabe aufgrund eines für sein Alter doch ungewöhnlichen moralischen Bewusstseins.

So beginnt ein sehr mühevoller Weg der Annäherung zwischen Naomi und Alan, der sie ab jetzt fast täglich nachmittags besucht. Die echte Naomi hat sich tief in sich zurückgezogen, sodass anfangs nur ihr zweites Ich, die Puppe Yvette, Kontakt zu Alan aufnimmt. Der wiederum spricht über die Handpuppe Charlie mit ihr. Auf Anraten des Arztes muss Alan im nächsten Schritt versuchen, Naomi zu einer direkten Kommunikation zu bewegen. Sie reagiert zunächst panisch, doch schließlich hat Alan Erfolg. Die Beziehung der beiden wird immer enger, schließlich entwickelt sich eine regelrechte (platonische) Liebe.

Die Parallelhandlung bezieht sich auf Alans Freundschaft mit Shaun. Alans Versuche, ihm von seiner Aufgabe zu berichten, scheitern, weil Shaun Mädchen im Allgemeinen und Naomi im Besonderen ablehnt (sie gilt als „Irre Ida"), sodass Alan seine Kontakte mit ihr geheim hält. Eines Tages kommt Shaun dahinter und kündigt Alan wütend die Freundschaft.

Ansonsten scheint sich alles positiv zu entwickeln: Durch Alans Einsatz stabilisiert sich Naomi so weit, dass sie sogar wieder die Schule besucht. Eines Morgens auf dem Schulweg tritt jedoch die schreckliche Wende ein: Joe Condello äußert Alan und Naomi gegenüber antisemitische Sprüche, woraufhin Alan Joe niederschlägt, allerdings im weiteren Kampf hoffnungslos unterliegt. Zwar kommt Shaun Alan zu Hilfe, womit sich ihre Freundschaft erneuert, aber Naomi retraumatisiert der Anblick der blutigen Auseinandersetzung irreparabel. Sie flüchtet und wird erst spät wiedergefunden, versteckt unter einem Kohlenhaufen. Ihr Ich hat sich komplett nach innen zurückgezogen. Am Ende besucht Alan sie in einem Heim, doch auch er erreicht sie nicht mehr und verzweifelt darüber zutiefst.

Der Roman ist als Lektüre ab der 7. Klasse geeignet. Jüngere Schüler spricht er in erster Linie emotional an, ältere verstärkt auch rational. Zentrale Themen sind:

- die Übernahme von Verantwortung – auch dann, wenn sie einen zu überfordern scheint
- das Wachsen der eigenen Persönlichkeit an Herausforderungen
- typische Schwierigkeiten in Freundschaften: das Problem, einander zu vertrauen und mit Schwächen und Widersprüchen im Charakter des anderen umzugehen
- die Auswirkungen schwerer kindlicher Traumatisierungen auf die weitere Entwicklung eines Betroffenen
- Vorurteile und Geschlechtsstereotype, insbesondere die Rolle männlicher Jugendlicher

Das Material

Im Zentrum: Literatur und eigenes Leben verknüpfen
Alan ist nicht nur der Protagonist, aus dessen Perspektive alles geschildert wird, sondern als Jugendlicher für die Schüler eine mögliche Identifikationsfigur. Sie sollen über die Lektürebesprechung die Erfahrung machen: Eine Schullektüre kann durchaus etwas mit ihrem Leben zu tun haben. Von daher besteht der didaktische Hauptansatz-

punkt der Materialien darin, von Alan ausgehend diejenigen Themen, die ihn betreffen und beschäftigen, mit den Erfahrungen der Schüler zu verknüpfen. Die textanalytische Arbeit wird also mit psychologischen und ethischen Dimensionen verbunden. Um den Identifikationsprozess zu fördern, sollte der Roman nicht vorab zur Lektüre verteilt werden. Die Schüler nähern sich dem Buch in den ersten Unterrichtsstunden schrittweise an, vollziehen Alans inneren Prozess nach und klären für sich, wie sie selbst in dieser Situation entschieden hätten. Der Großteil der Materialien kann ab der 7. Klasse eingesetzt werden. Sind die Kopiervorlagen vor allem für ältere bzw. leistungsstärkere Schüler geeignet, ist dies im Lehrerteil vermerkt.

Psychologische und ethische Hauptthemen
Einerseits geht es um Freundschaft, Verantwortung, Erwachsenwerden und Geschlechterrollen, andererseits um die Beschäftigung mit dem Thema Traumatisierung. Angesichts des Umstands, dass aufgrund der gewaltigen Flüchtlingsströme unserer Zeit in jeder Klasse Kinder mit kriegsbedingten Traumatisierungen sitzen können, aber auch weil jeder aus anderen Ursachen traumatisiert werden kann, ist dieses Thema von besonderer Bedeutung und die Lektürebesprechung dient zugleich der Psychoedukation.

Textanalyse im engeren Sinne
Natürlich bildet die Basis jeder weiteren thematischen Auseinandersetzung eine sehr gründliche textanalytische Arbeit: Im Mittelpunkt stehen die Sicherung des inhaltlichen Verständnisses, die Untersuchung des Handlungsablaufs und der Figurenentwicklung sowie die Analyse sprachlicher und formaler Mittel. Hierfür finden Sie unterschiedlichste Anregungen und Materialien.

Verknüpfung mit anderen Lehrplanbereichen
Die Vorschläge sind sehr breit und variantenreich angelegt: von normaler Lektürebesprechung auf Textbasis bis hin zu kreativen Ansätzen und Projektvorschlägen. Im Sinne eines integrativen didaktischen Konzepts gibt es auch Anregungen für die Verknüpfung z. B. mit Sachtextanalysen und dem Verfassen von argumentativen Reden. Zudem bietet die Lektüre an verschiedenen Stellen die Möglichkeit eines fachübergreifend angelegten Unterrichts, z. B. mit Geschichte, Ethik oder Religion.

Aufbau der Lektürebesprechung und des Materials
Myron Levoy gliedert seinen Roman in 31 Kapitel ohne Überschriften. Für den Zweck der Besprechung wurde die Lektüre, basierend auf Etappen der Handlungsentwicklung, in vier Abschnitte gegliedert. Die oben skizzierten didaktischen Zugangswege und Themen werden mit unterschiedlichen Schwerpunkten in allen Teilen berücksichtigt. Die Seitenangaben innerhalb dieses Unterrichtsmaterials beziehen sich auf die Taschenbuchausgabe von dtv, 34. Auflage 2015. Diese stimmt jedoch weitgehend mit älteren Auflagen überein.

Jeder Materialabschnitt beginnt mit einem Lehrerteil. Darin finden Sie eine Inhaltsangabe der zugrunde gelegten Buchkapitel, einen Vorschlag für eine Stundensequenz, didaktisch-methodische Hinweise und meist ausführliche Lösungen zu den Kopiervorlagen, Gesprächs- und Schreibanlässe (ebenfalls mit Lösungshinweisen) sowie einen Abschnitt „Kreativ aktiv“ mit handlungsorientierten Ideen, Rechercheaufträgen und Vorschlägen zu Aktionen. Auf den Lehrerteil folgen die unmittelbar im Unterricht einsetzbaren Kopiervorlagen.

Signets am oberen Seitenrand verdeutlichen den thematischen Schwerpunkt jeder Kopiervorlage:

Zur Lektüre

Verantwortung

Freundschaft

Traumata und ihre Ursachen

Sprache unter der Lupe

Wie Sie den Stundensequenzen auf den Seiten 6 f., 21, 36 f. und 56 entnehmen können, bieten die hier vorgestellten Unterrichtsideen zum Roman „Der gelbe Vogel“ Stoff für etwa 19 Schulstunden. Selbstverständlich ist es Ihnen und Ihrer Klasse überlassen, eigene Schwerpunkte zu setzen und die Unterrichtseinheit zu straffen oder auszubauen.

Ihnen und Ihren Schülern viel Erfolg und wertvolle Erkenntnisse bei der Arbeit mit Buch und Material wünscht

Alexander Geist

1. bis 4. Kapitel: Alan übernimmt Verantwortung

Inhalt

Die Kapitel tragen im Buch nur Nummern; zum besseren Überblick wurden die Inhaltsangaben mit Überschriften versehen.

Der erste Abschnitt bietet eine Exposition und leitet die Handlung ein: Der zwölfjährige Alan wird als normaler, eher unsicherer Junge dargestellt, dem die Akzeptanz in seiner Jungen-Peergroup wichtig ist, der seine Unsicherheit mit männlichen Größenfantasien zu bewältigen versucht und ansonsten in zwar bescheidenen, aber liebevollen familiären Verhältnissen aufwächst. Eines Tages begegnet er der schwer traumatisierten Naomi, erfährt von seinen Eltern das dramatische Schicksal des Mädchens und muss sich nun mit einer Entscheidung herumquälen: ob er den Auftrag der Eltern übernimmt, sich um Naomi zu kümmern. Trotz Bedenken erklärt er sich schließlich bereit, weil er erkennt, dass Naomi ihn braucht.

Auch der zweite Handlungsstrang des Buches, die Beziehung zwischen Alan und Shaun, wird in diesem Teil bereits entfaltet. Shaun ist nicht nur einziger und bester Freund, sondern auch Beschützer und ein Stück weit Vorbild für Alan. Zu seinem Bedauern erkennt Alan allerdings, dass er Shaun nichts von seiner Verbindung zu Naomi erzählen kann, weil dieser es ablehnt, dass ein Junge sich mit Mädchen abgibt.

1. Kapitel: Alans kleine Welt und seine erste Begegnung mit Naomi (S. 7–14)

Alan spielt mit anderen Jungen Schlagball. Schon auf den ersten beiden Seiten werden Grundcharakterzüge Alans deutlich: Wie viele Jungen seines Alters träumt er davon, ein Sportstar zu sein, und versucht Verhalten und Sprache von Männern nachzuahmen. Tatsächlich aber ist er ein unsicherer und sportlich nicht begabter Junge, der den Ball verschlägt. Er wohnt in einem einfachen Apartmenthaus namens „Zu den Eichenterrassen", das aber in Wirklichkeit „weder Eichen noch Terrassen, nur Flure und schwere Wohnungstüren aus Metall" (S. 8) aufweist. Sein Gegner im Spiel ist Joe Condello, sein Freund Shaun Kelly. Weil es dunkel wird, besteht Joe darauf, dass nach den Regeln das Match beendet wird, auch wenn das bedeutet, dass Alan, Shaun und ihre Mannschaft verlieren. Daraus entsteht eine Auseinandersetzung, in der Joe zwar vordergründig Shaun zweimal als „Judenfreund" (S. 9 und 10) herabsetzt, faktisch aber vor allem seine Verachtung gegenüber Alan ausdrückt; hier werden sowohl Alans Religionszugehörigkeit als auch Joes alltäglicher Rassismus deutlich. Alan möchte sich auf Joe stürzen, wohl wissend, dass er ihm unterlegen ist, aber Shaun hält seinen Freund zurück, um ihn zu beschützen. Vergeblich beschwert Alan sich darüber bei Shaun. Auf dem Nachhauseweg und im Wohnblock selbst unterhalten sie sich über den Vorfall und die Vorurteile gegen Juden oder Katholiken (dazu gehört Shaun), die auch auf Elternseite vorhanden sind. Sie betonen beide, dass sie nicht das tun wollen, was ihnen ihre Eltern vorschreiben; Alan zweifelt allerdings im Inneren, ob er wirklich so denkt.

Im letzten Abschnitt begegnet Alan vor seiner Wohnung Naomi. Sie ist für ihn nur „das neue Mädchen im Haus, die Verrückte von oben" (S. 12), die dabei ist, Papier in viele kleine Fetzen zu zerreißen, „ein Kriegsflüchtling aus Frankreich" (S. 13), der bei der Familie Liebman untergekommen ist. Naomi reagiert voller Angst auf Alan, der nicht weiß, wie er mit der Situation umgehen soll. Seine Versuche, sie auf Französisch anzureden, bleiben wirkungslos. Naomi flüchtet vor ihm zu ihrer Wohnung und schreit voller Entsetzen nach ihrer Mutter.

2. Kapitel: Alans Familie und der Wunsch seiner Eltern (S. 15–22)

Das zweite Kapitel dient zunächst dazu, Alans Familie vorzustellen. Er fühlt sich wohl, auch wenn seine Mutter wegen seiner späten Ankunft schimpft und sein Vater sich voller Sorgen mit dem Kriegsverlauf in Europa beschäftigt. Nach dem Essen berichtet Mrs Silverman vom Schicksal Naomis und ihrer Mutter: von ihrer Flucht aus Frankreich und dem dreijährigen Warten in der Schweiz auf die Auswanderung in die USA. Am schlimmsten ist jedoch, dass Naomi miterleben musste, wie ihr Vater, der für die Widerstandsbewegung (Résistance) arbeitete, vor ihren Augen von der Gestapo erschlagen worden ist. Dieses Ereignis hat Naomi schwer traumatisiert. Alans Mutter beklagt, dass Naomi mehr Hilfe bräuchte und die Umgebung nicht gut für sie sei. Für einen Umzug fehle der Familie aber das Geld.

Allmählich rückt Mrs Silverman damit heraus, was sie von Alan erwartet: Er soll als Gleichaltriger Naomi helfen, wieder zu vertrauen, und deshalb regelmäßig zu ihr gehen und mit ihr spielen; zu diesem Projekt habe Naomis Arzt geraten. Alan weist das zurück, da Naomi ein Mädchen – und noch dazu ein verrücktes – sei und er lieber mit den Jungen Schlagball spiele. Dabei wird deutlich, dass es ihm beim Sport vor allem darum geht, seine isolierte soziale Lage zu verbessern. Doch sein Vater kann ihn schließlich dazu bringen, wenigstens über das Projekt nachzudenken, indem er betont, dass es manchmal im Leben Aufgaben gebe, die man auf sich nehmen müsse, auch wenn man sich nicht dazu in der Lage sehe; allerdings verweist er auch darauf, dass Alan in seiner Entscheidung frei sei.

3. Kapitel: Alan im Entscheidungskonflikt (S. 22–28)
Allein in seinem Zimmer, beschäftigt sich Alan mit der Entscheidung, ob er den elterlichen Auftrag übernimmt. Dagegen spricht, dass er nicht weiß, was er mit einem Mädchen machen soll. Das Argument seines Vaters, dass er sich um Naomi kümmern soll, weil er Glück hat, macht ihm klar, dass er – wäre er in Europa geboren – wie Naomi hätte enden können.

In seine Überlegungen mischen sich typische Größenfantasien eines Jungen seines Alters, z. B. die Idee, dass Naomi und ihre Mutter vielleicht Spione sind, die er enttarnt. Doch er wischt solche Gedanken schnell beiseite und fragt sich, wie Naomi wohl ist. Schließlich schaut er nach draußen und entdeckt das starr hinter seinem Fenster stehende Mädchen. Er winkt, aber es erfolgt keine Reaktion. Ihre Angst ist für ihn rätselhaft und er möchte sie zum Lachen bringen. In seinen alten Spielsachen findet er eine Bauchredner-Puppe namens Charlie, die er in Richtung Naomi winken lässt. Das Mädchen zieht sich zurück und Alan glaubt, keine Wirkung erzielt zu haben. Doch kurz danach lässt Naomi eine Puppe ihm zuwinken, bevor sie endgültig verschwindet. Im Gespräch mit Charlie fasst der Junge den Entschluss, sich um Naomi zu kümmern.

4. Kapitel: Alans Erkenntnis, dass er Shaun nichts von Naomi erzählen kann (S. 28–33)
Alan teilt seine Entscheidung seinen Eltern mit, die deshalb vor Rührung Tränen in den Augen haben. Zugleich beschäftigt ihn die Angst vor einem Versagen und einer daraus resultierenden Verschlechterung von Naomis Zustand. Außerdem weiß er nicht, ob er seinem besten Freund Shaun etwas erzählen soll, denn er kann ja nun beim Schlagball häufig nicht mehr mitmachen. Im Gespräch mit Shaun wird Alans soziale Situation weiter verdeutlicht: Die anderen halten ihn für einen Streber und deshalb auch für einen, der „Schiss" (S. 30) hat. Alan hat tatsächlich Angst vor anderen Jungen, sieht sich aber nicht als feige an.

Shaun möchte umgekehrt auch erfahren, was Alan an ihm auszusetzen hat. Da Alan vor der Entscheidung steht, ob er Shaun einweiht oder nicht, äußert er als Kritik an seinem Freund dessen Engstirnigkeit in Bezug auf Mädchen. Dieser ist verwundert über den Vorwurf, gesteht aber zu, dass er mit Mädchen ein Problem habe, weil sie nur herumstehen und kichern würden. Wer sich mit Mädchen abgebe, sei eben auch ein „Schisser". Das trifft Alan tief und er beschließt, Shaun nichts von seinem Vorhaben mitzuteilen. Allerdings ist er sich klar, dass er ab jetzt ständig Ausreden erfinden muss, um seine Besuche bei Naomi geheim halten zu können.

Unterrichtsschwerpunkte

- Alans psychische und soziale Ausgangssituation
- Wie hätte sich der heutige jugendliche Leser in Alans Situation entschieden?
- historische Hintergründe der Handlung

Zum Aufbau der Unterrichtseinheit

Es ist zu empfehlen, den Roman nicht im Ganzen zur Vorablektüre zu Hause aufzugeben, um die aktive Auseinandersetzung mit Alans Situation, seinem inneren Entscheidungsprozess und seiner Entwicklung auch im Sinne eines Transfers auf die eigene Person sicherzustellen. Der hier vorgeschlagene Ablauf ermöglicht außerdem ein Training im genauen Lesen, da die feinen expositorischen Hinweise des 1. Kapitels ausgewertet werden. Levoy versteht es nämlich hervorragend, die Grundstrukturen der Handlung und Thematik in epischer Erzähltradition bereits auf den ersten Seiten zu entwickeln und sie später wieder aufzunehmen – eine klassische Zirkelkomposition. Auf solche Mittel der Erzähltechnik wird am Ende der Besprechung genauer eingegangen.

Eine Auseinandersetzung mit den historischen Hintergründen ist in der 7. und 8. Jahrgangsstufe schon deshalb nötig, weil das „Dritte Reich" üblicherweise im Geschichtsunterricht erst später behandelt wird. Die meisten Schüler verfügen erfahrungsgemäß nur über ein sehr rudimentäres Wissen, das sie hier und dort aufgeschnappt haben.

Sie finden nähere methodische Hinweise, Lösungsvorschläge und weitere Anregungen in den Ausführungen zu den Kopiervorlagen sowie in den Abschnitten „Gesprächs- und Schreibanlässe" und „Kreativ aktiv".

Im Folgenden ein Vorschlag für die Planung der ersten fünf Stunden:

- 1./2. Stunde – Einstieg in die Lektüre: aktueller Anlass; Untersuchung von Cover, Titel, Text auf der Einbandrückseite und Widmung zur Entwicklung von Hypothesen über die Buchhandlung, gemeinsames Erlesen des 1. Kapitels (Hinweise und Ergebnisskizze unter „Gesprächs- und Schreibanlässe", S. 10); Steckbrief über Alan (KV „Alan – ein ganz normaler Junge", S. 15; Hinweise auf S. 7 f.); Hausaufgabe: Lektüre bis S. 22, als Hilfe Verteilung der KV „Wort- und Sacherklärungen" (S. 12–14, Hinweise auf S. 7)
- 3. Stunde – Ich an Alans Stelle: Konfrontation mit Alans Entscheidungsaufgabe und Sammlung von Ideen, wie man als Gleichaltriger Naomi helfen könnte (KV „Wenn du Alan wärst …", S. 16, Hinweise auf S. 9); Hausaufgabe: Lektüre bis S. 33

- 4. Stunde – Alans Situation und wir: Analyse von Alans Entscheidungsgründen (Hinweise auf S. 9) und Ergänzung der KV „Alan – ein ganz normaler Junge" (siehe Hinweise zur KV, vor allem S. 8); kreative Auseinandersetzung mit dem Glück, in Sicherheit zu leben (Hinweise unter „Kreativ aktiv", S. 10 f.); Hausaufgabe: Bearbeitung von Aufgabe 1 der KV „Historische Hintergründe", S. 17 f.
- 5. Stunde – historische Hintergründe: Erarbeitung mithilfe der gleichnamigen KV (S. 17 f., Hinweise auf S. 9); Hausaufgabe: Lektüre des zweiten Teils (S. 33–83)

Zu den Kopiervorlagen

Wort- und Sacherklärungen

Immer wieder sprechen Naomi oder auch Alan Französisch. Zwar werden die Phrasen oft kurz danach übersetzt oder paraphrasiert, aber das ist nicht immer der Fall. Hier helfen diese Blätter. Darüber hinaus stehen im Text für viele heutige Schüler nicht mehr geläufige deutsche Ausdrücke (z. B. ruchlos) ohne Erläuterung. Die Kopiervorlagen erleichtern und sichern das Textverständnis durch Übersetzungen und Worterklärungen. Das ist notwendig, weil sich Schüler oft nicht trauen, vor der Klasse nach einer Wortbedeutung zu fragen, oder einfach darüber hinweglesen.

Alan – ein ganz normaler Junge

Neben Naomi steht Alan im Mittelpunkt der Handlung. Er ist auch die Identifikationsfigur, die im Laufe des Romans eine markante Persönlichkeitsentwicklung durchläuft. Sein Anfangszustand dürfte dem vieler Gleichaltriger entsprechen, daher sollte man die Textanalyse in dieser Hinsicht besonders gründlich vornehmen. Viele Aspekte von Alans Persönlichkeit werden bereits in dem klassisch expositorisch angelegten 1. Kapitel deutlich, weitere erst in den drei folgenden Kapiteln.

Es lohnt sich besonders auf den ersten Seiten, mit den Schülern das genaue Lesen und Auswerten selbst unscheinbarer expositorischer Hinweise zu üben. Prototypische Beispiele findet man bereits auf S. 7:

- „Alan Silverman ließ den Schlagballschläger ein paar Mal scharf hin und her schwingen. Dabei biss er auf seinem Kaugummi herum, als wäre es Kautabak." – Versuch des jugendlichen Protagonisten, männlich und kämpferisch zu wirken
- „Er machte noch ein paar Schwünge, so, wie es die berühmten Baseball-Spieler taten." – Imitation von Idolen, typisch für pubertäre Jugendliche; Wiederaufnahme des Motivs unten auf der Seite: Alan in einem Tagtraum als erfolgreicher Sportstar
- Alan macht seinem Gegenspieler laut einen Vorwurf „und wünschte, er hörte sich an wie Shaun. Aber während er es noch sagte, wusste er schon, dass er sich genau wie Alan Silverman anhörte mit diesem unsicheren ‚Was?' am Ende, das schon eine halbe Entschuldigung war." – Entlarvung des „coolen", selbstsicheren Auftretens als Fassade zum Überspielen einer tiefen Unsicherheit; Offenbarung der Diskrepanz zwischen außen und innen; Alan als Identifikationsfigur für viele Altersgenossen mit derselben Persönlichkeitsstruktur

Einen Lösungsvorschlag finden Sie in der tabellarischen Übersicht auf der nächsten Seite; bei dem Unterpunkt „Sonstiges" sollten Sie lenkend eingreifen, denn es handelt sich um eine Restkategorie, in der weitere wichtige Züge Alans notiert werden. Halten Sie ansonsten die Schüler unbedingt an, ihre Befunde mit Seitenzahlen zu belegen. So lernen sie, vorschnelle Aussagen sowie die Verwechslung von Mutmaßungen bzw. Unterstellungen und Fakten zu vermeiden. Fehlurteile können sich z. B. ergeben, wenn es um die Frage geht, ob Alan Klassenbester ist oder es sein will. Man findet keinen Beleg, dass er es ist, und ob er es sich wünscht, lässt sich nicht entscheiden: Shaun unterstellt ihm diese Absicht (vgl. S. 30), Alan betont jedoch, es sei ihm egal (vgl. ebd.). Wichtig ist auch, bei der Darstellung von Fremdbildern deren Subjektivität auszudrücken, also nicht: „Alan ist Streber." Sondern: „Andere halten Alan für einen Streber."

Alans Normalität besteht in seiner inneren Zerrissenheit: Einerseits ist er der familiengebundene, sensible, ängstliche, eigentlich unsportliche und vor allem akademisch begabte Junge. Andererseits möchte er – entwicklungspsychologisch nachvollziehbar – in seiner Peergroup anerkannt sein und tut daher oft so, als ob, und strebt zugleich die für Jungen in ihrer Identitätsfindung so typischen Männlichkeitsmerkmale an.

Erfahrungsgemäß fällt es männlichen Schülern oft schwer, diese innere Zerrissenheit selbst zu äußern, entweder weil sie sie nicht realisieren oder weil es in ihren Augen kontraproduktiv wäre, genau die ängstlich-schwache Seite, die sie ja überwinden wollen, vor anderen einzugestehen. Insofern kann die Herausarbeitung der Merkmale Alans den Jungen helfen, solche Charakteristika auch bei sich selbst zu erkennen und wenigstens vor sich selbst zuzugeben. Indem im Laufe der Unterrichtseinheit am Modell Alans Wege deutlich werden, wie „man" (= Junge) damit umgehen kann, erkennen vielleicht auch die jugendlichen Leser Alternativen.

Lösung

Aspekt	1. Kapitel	2. bis 4. Kapitel
Alter		etwa 12 (errechenbar über die Angaben zu Naomi, S. 17 f.; dass er zwölfeinhalb ist, wird erst im 5. Kapitel auf S. 34 gesagt)
Wohnort	New York (Klappentext)	
Alan und die Schule	guter Schüler (S. 11)	Hausaufgaben müssen gemacht werden (S. 30).
Hobbys	Schlagballspiel (S. 7)	Schlagball deshalb wichtig, weil er nur so von anderen akzeptiert zu sein glaubt (S. 20); Kampfflugzeuge (S. 22 f.); Lesen wird als Hobby erst auf S. 61 erwähnt, kann aber später nachgetragen werden.
Wie Shaun ihn sieht	hält Alan für schulisch „schlau", aber auch für unvorsichtig bei der Auswahl seiner Gegner (S. 11); betrachtet sich als Alans Freund (ebd.)	sieht Alan zwar auch als Streber, das beeinflusst aber seine Freundschaft zu ihm nicht (S. 30 f.)
Was Gleichaltrige über ihn denken	Joe Condello mag Alan nicht und äußert sich antisemitisch (S. 9 f.).	Sie halten ihn für einen Streber, damit auch für jemanden, der „Schiss" habe (S. 30 f.).
Seine Wünsche und Sehnsüchte	will typisch männlich wirken (vgl. Kautabak, S. 7), ein umjubelter Star sein (S. 7 f.), von anderen Jungen anerkannt werden und als mutig gelten (vgl. Abschnitt „Ängste und Sorgen"); passt sich deren Sprache an (S. 7 und 9)	will ein Held sein (S. 24)
Seine Ängste und Sorgen und wie er damit umgeht	überspielt Ängste, um nicht als Versager dazustehen (S. 9)	überspielt Ängste, um nicht als „Schisser" zu gelten (S. 31); Angst vor Joe Condello, Fred Kleinholtz und anderen Jungen, sieht sich aber nicht als feige, weil er zu kämpfen bereit ist (ebd.); greift Stärkere nur an, um nicht als feige zu gelten (ebd.); leidet darunter, nur einen Freund zu haben, den er nicht verlieren möchte, indem er sich um ein Mädchen kümmert (S. 20), verrät deshalb Shaun nichts (S. 32 f.); Angst, bei Naomi zu versagen (S. 29)
Alan und seine Familie	tut so, als ob er mache, was er möchte, nicht das, was seine Eltern wollen, ist sich aber unsicher, ob er wirklich so denkt (S. 12)	fühlt sich dort wohl und daheim (S. 15); Mutter: neigt zu Vorwürfen (S. 15 und 18), macht wegen Kleinigkeiten „Theater" (S. 17); Vater: sehr nervös wegen des Kriegsverlaufs (S. 15), sieht Dinge nicht so eng wie die Mutter (S. 16): Glück des sicheren Lebens größer als ein Zuspätkommen
Religion	jüdisch (S. 9)	
Sonstiges	lebhafte Fantasie (S. 12)	kann sich aber Kriegsgräuel nicht vorstellen (S. 18 und 25)

KV Seite 16

Wenn du Alan wärst …

Eine detaillierte Lektüre am Anfang des Buches ermöglicht es den Schülern, Alans Entwicklungsprozess genau nachzuvollziehen, aber auch sich selbst mit ihm zu vergleichen und so menschlich dazuzulernen. Deshalb sollten Sie diese Kopiervorlage möglichst vor der Lektüre des 3. Kapitels einsetzen. Damit die Schüler nicht nur sozial erwünschte Antworten geben, sollten Sie keinen zwingen, seine Antwort zu Aufgabe 1 zu veröffentlichen, und das auch vor der Bearbeitung bekannt geben. Dennoch werden sich vielleicht Freiwillige finden, die bereit sind, in einem Klassengespräch ihre Meinung zu vertreten, auch wenn sie sich gegen eine Hilfe entscheiden würden. Ein Hauptgrund dürfte darin bestehen, dass sie sich überfordert fühlen – und was die Erwachsenen hier von einem Jungen erwarten, ist ja wirklich riskant.

Alans Entscheidungsgründe, die man nach der Lektüre des 3. Kapitels in der Klasse herausarbeiten kann, seien hier kurz skizziert. Relevant sind zwei Aspekte: das Wissen um das Glück, in Sicherheit zu leben (vgl. S. 23), und die Erkenntnis, dass Naomi ihn braucht (vgl. S. 28). Beides fußt nicht nur auf einem innerlichen moralischen Fundament, sondern resultiert auch aus seiner Empathiefähigkeit (vgl. das gesamte 3. Kapitel), die letztlich über seine Bedenken, Unsicherheiten und seine Voreingenommenheit gegenüber Mädchen siegt.

Aufgabe 2 der Kopiervorlage bezieht sich auf das eben erwähnte Problem, wie ein Jugendlicher einem so schwer traumatisierten Mädchen wie Naomi helfen kann. Die Sozialform der Gruppenarbeit soll den Schülern das Finden von Ideen erleichtern. Die Vorschläge müssen Sie im Plenum besprechen und – vor dem Hintergrund dessen, was aus traumapsychologischer Sicht geboten ist – erörtern (siehe KV „Was hilft Menschen mit einem Trauma?“, S. 29, Hinweise auf S. 22 f.). Die Informationen zum Thema „Traumatisierung“ schon hier einfließen zu lassen, würde die Einstiegseinheit aber überfrachten. Die besten Ergebnisse sollten auf einem Plakat festgehalten werden, um sie später mit Alans tatsächlichen Aktivitäten vergleichen zu können.

Alternativ sind zwei Gruppenarbeitsrunden denkbar: In der ersten werden Ideen gesammelt. In der zweiten lassen Sie neue Gruppen bilden, in denen aus jeder Gruppe der ersten Phase ein Schüler vertreten ist. Die Schüler sichten nun die Ergebnisse, wählen die besten drei aus und stellen ihre Entscheidung begründet der Klasse vor.

Historische Hintergründe

Schüler der Mittelstufe sind an geschichtlichen Vorgängen meist sehr interessiert, verfügen aber oft nur über rudimentäres Wissen und haben zahlreiche Vorurteile. Jahreszahlen zu Beginn und Ende des Zweiten Weltkrieges sind vielen unbekannt. Mag eine Lektüre auch mit begrenzten Geschichtskenntnissen möglich sein, weil z. B. die Verfolgung in Paris so beschrieben wird, dass Jugendliche sie für sich verstehen können, sollten Sie doch die Gelegenheit nutzen, die Allgemeinbildung zu verbessern.

Geben Sie den Schülern in der Stunde zuvor als Hausaufgabe auf, den Text zu lesen und die erste Aufgabe zu bearbeiten. Außerdem sollen sie im Internet passende Bilder recherchieren und ausdrucken, damit im Unterricht ein Plakat mit den wichtigsten Informationen gestaltet werden kann.

Die Kopiervorlage enthält alle für das Verständnis der geschichtlichen Hintergründe der Lektüre wesentlichen Informationen sowie einige zusätzliche Aspekte, die das Bild abrunden: was der Nationalsozialismus überhaupt war und welche Positionen er vertrat, in welchem Zusammenhang das zum Zweiten Weltkrieg steht, warum Frankreich von den Deutschen besetzt wurde, wie Teile der Franzosen darauf reagierten (Résistance) und welche Rolle die Gestapo spielte.

Mit der Kopiervorlage können die Schüler zugleich das Auswerten sachlicher Texte üben: das Hervorheben von Leitbegriffen und damit Erkennen der Gliederung des Textes sowie das Unterstreichen wesentlicher Informationen. Letzteres fällt Schülern der Mittelstufe teilweise noch sehr schwer, obschon sie die entsprechende Kompetenz für Inhaltsangaben oder Referate bereits brauchen. Insofern lohnt es sich, verschiedene Unterstreichungsvorschläge der Schüler in Gruppen oder im Plenum miteinander zu vergleichen, um so das Gespür für das richtige Maß zwischen zu vielen und zu wenigen Unterstreichungen zu trainieren.

Im Anschluss sollen die Schüler ein informatives Plakat gestalten, auf dem sie zur Illustration die mitgebrachten Bilder einbauen. Ein Vergleich der Plakate hinsichtlich relevanter Kriterien (z. B. Reduzierung der Informationen auf das richtige Maß, Klarheit und Richtigkeit der Darstellung, hinreichend große Schrift, Sauberkeit) schließt die Einheit ab. Je nach Zeit, die Sie investieren wollen, können Sie auch zusätzliche Eindrücke vom Nationalsozialismus in Form von Filmen vermitteln und diese mit dem Textblatt bzw. der Lektüre verknüpfen.

Gesprächs- und Schreibanlässe

Einstieg in die Lektüre

Angesichts des dramatischen Ansteigens der Flüchtlingszahlen weltweit bietet sich ein aktueller Einstieg an, z. B. Bilder oder Schlagzeilen zu Flüchtlingsdramen, in die auch Kinder involviert sind. Die Schüler sollen versuchen, sich in die Kinder und deren Schicksal hineinzuversetzen. Nach Austeilung der Bücher ist eine Auseinandersetzung mit Umschlag, Titel und Widmung sinnvoll. Auf diese Weise lernen die Schüler auch die Funktion dieser Elemente kennen bzw. vertiefen entsprechendes Wissen. Zugleich werden sie angehalten, sehr bewusst an das Lesen heranzugehen und nicht – wie vielfach bei Freizeitlektüren – einfach drauflloszulesen.

Für das Gespräch, das wegen der Komplexität am besten im Plenum stattfindet, bieten sich folgende Leitfragen an:

- Was assoziierst du mit den dominierenden Farben Rot, Schwarz und Weiß? Welche Bedeutungen kann man aufgrund der Kombination ausschließen?
- Was könnten die Elemente des Titelbildes (inkl. der Farben) zu bedeuten haben?
- Was erfährt man über die Handlung und den Handlungskontext im Text auf der Buchrückseite?
- Welcher Zusammenhang besteht zwischen Widmung und Handlungsaufriss auf der Buchrückseite?
- Welche Hinweise auf die Handlung kann man aus den bisherigen Analysebefunden ableiten?

Farben haben ein breites kulturelles und wahrnehmungspsychologisches Bedeutungsspektrum (vgl. dazu die Zusammenstellung unter *http://www.zeno.org/Meyers-1905/A/Farbensymbolik*). In der Kombination von Rot und Schwarz ist eine Interpretation von Rot als Farbe der Liebe nicht naheliegend; vielmehr drängt sich das Bedeutungsfeld Blut / Gefahr / Tod in den Vordergrund. Weiß steht für Unschuld und Frieden, was scheinbar zu dem abgebildeten Mädchen passt, das eine Puppe in der Hand hält und in einer offenbar sicheren, friedlichen Wohnung (vgl. den weichen Farbton) lebt; aus dem (rot-schwarzen) Außenraum dringen rote Striche in den friedvollen Innenraum hinein, Zeichen einer Bedrohung. Das Mädchen hat den Kopf vom Betrachter abgewandt, hält aber die Puppe mit dem Gesicht zu diesem (Anspielung auf Naomis kommunikatives Verhalten zu Beginn). Der Kontrast Außenraum / Innenraum erlaubt auch die Deutung, dass sich hier jemand aus einer gefährlichen Außenwelt in eine sichere Innenwelt zurückzieht.

Der Titel bleibt für sich und in seinem Bezug zum Bild zunächst rätselhaft. Vogel könnte für Freiheit stehen, die Farbe Gelb für Sonne, Lebenskraft, Fröhlichkeit. Daraus ergibt sich ein Gegensatz zum Bedrohungs- und Rückzugsszenario. Insgesamt erhöht die Spannung zwischen Bild und Titel die Lesemotivation durch Verrätselung.

Die Rätselhaftigkeit des Titels bleibt auch nach der Lektüre des Klappentextes bestehen. Immerhin erfährt der Leser jetzt Grundelemente der Handlung und lernt die Hauptpersonen kennen. Die Deutungen zum Titelbild passen dazu. Dass es sich bei Naomi um einen biblisch-jüdischen Vornamen handelt, weiß heute kaum ein Kind. Hier sollten Sie einen entsprechenden Hinweis geben. Mit diesem Wissen erkennen Schüler auch, warum Naomis Vater von den Nazis erschlagen worden ist.

Die Widmung bezieht sich auf die Protagonistin. „Dunkle Augen“ sind Merkmal südlicher Bevölkerungsgruppen, damit auch des jüdischen Volkes, zugleich Sinnbild für Trauer, was zu Naomis Situation passt.

Im Anschluss an diese erste Begegnung mit der Lektüre kann das 1. Kapitel abschnittsweise gemeinsam Erlesen werden, unterbrochen durch kurze Auswertungen der expositorischen Hinweise. Nach dieser Lektüre können die Schüler auf der Basis der bisher erarbeiteten Resultate Hypothesen darüber formulieren, wie sich die Handlung weiterentwickelt. Zur methodischen Abwechslung empfiehlt sich eine Kleingruppenarbeit.

Kreativ aktiv

Lektüre-Tagebuch / Lektüre-Portfolio

Tagebuch und Portfolio sind gängige Mittel, damit sich Schüler aktiv mit einer Lektüre auseinandersetzen. In einem Portfolio zu Levoys Buch können sie z. B. Folgendes festhalten: Zitate, die sie persönlich besonders beeindrucken; Zeitungsmeldungen oder private Recherchen zu den Themen Flucht, traumatisierte Kinder / Jugendliche, Rassismus; Zeichnungen zu einzelnen Szenen; fiktive Briefe an Figuren.

Das Glück, hier und heute zu leben

Nicht wenige Menschen neigen dazu, die eigene (positive) Situation als selbstverständlich hinzunehmen, ja sogar das Positive nicht zu sehen und sich – durch einen Vergleich mit anderen, denen es besser geht – als benachteiligt zu erleben. Dieser alltägliche Pessimismus ist psychologisch ungesund, aber verbreitet.

Ausgehend von einem der wichtigen Entscheidungsgründe Alans – nämlich dem Hinweis des Vaters, wie glücklich man sein könne, in Frieden und Sicherheit zu leben – ist es reizvoll, die Schüler auf kreativem Wege anzuhalten, die positiven Seiten ihres Lebens (ohne ein „Ja, aber …") zu betrachten, und mit ihnen auszuwerten, wie ihre Gefühlslage durch einen solchen veränderten Blick beeinflusst wird.

Methodisch ist z. B. folgender Weg denkbar: Lassen Sie die Schüler ein Schreibgespräch unter dem Thema „Das Glück, hier und heute zu leben" führen. Dazu teilen Sie sie in Gruppen auf. Jede bekommt ein großes Plakat, auf dem in der Mitte das Thema steht. Alle beginnen, Gedanken zu notieren, sollen dann aber auch Aussagen anderer lesen und darauf schriftlich antworten. Achten Sie darauf, dass die Schüler nicht den positiven Blickwinkel verlassen; um das zu vermeiden, können Sie selbst einen lenkenden Kommentar notieren. Die Plakate werden am Ende aufgehängt.

Ob Sie diese Anregung einsetzen können, hängt von der psychosozialen Situation der Schüler ab. In Klassen mit einem höheren Anteil Jugendlicher aus sozial oder finanziell schwierigen Verhältnissen könnte so viel Widerstand gegen die Übung entstehen, dass man das Gegenteil des Erwünschten erzielt.

Recherche zum Autor und weiteren seiner Werke
Ihre Schüler können im Internet recherchieren, um den Autor und weitere seiner Werke in Kurzreferaten vorzustellen.

Wort- und Sacherklärungen (1)

S.	Ausdruck	Erläuterung
7	Kautabak	Tabak, der nicht geraucht, sondern gekaut und dann ausgespuckt wird
7	Mal	Station auf einem Baseball- bzw. Schlagballfeld
7	Yankee-Stadion	„New York Yankees": berühmte Baseballmannschaft
8	Broadway-Parade	feierlicher Aufmarsch auf dem Broadway, New Yorks Prachtstraße
8	Hickory	nordamerikanische Baumart
13	*Laissez-moi tranquille!*	*Lass mich in Ruhe!*
14	*Bonjour … Comment allez-vous?*	*Guten Tag … Wie geht es Ihnen?*
14	*Maman! Ils sont en bas.*	*Mama! Sie sind unten.*
18	Archiv	Ort, an dem alte Unterlagen aufbewahrt werden
18	Meldeamt	dort werden Geburten, Todesfälle, Eheschließungen registriert
22, 23	Spitfire, Messerschmitt, P-40	Kriegsflugzeuge
26	Lötbaukasten	Beim Löten verbindet man Metalle mit heißem Draht oder Paste.
26	Ukulele	gitarrenähnliches Zupfinstrument
26	Bauchredner	verändert seine Stimme so, dass sie von einer Puppe oder anderen Person zu stammen scheint; bewegt dabei die Lippen nicht
27	Pin-up	an der Wand befestigtes Foto einer nackten Frau
35	Salmiakgeist	stechend-scharf riechendes Putzmittel
36	*Merci bien, Alan.*	*Vielen Dank, Alan.*
40	Grumman Hellcat	Kriegsflugzeug
41	Japs-Jäger	Japs = abfällige Bezeichnung für Japaner; im Zweiten Weltkrieg kämpften die Alliierten nicht nur gegen NS-Deutschland, sondern auch gegen Japan

S.	Ausdruck	Erläuterung
41	Yankee-Schwein, Yankee-Hund	bezieht sich nicht auf die Baseballmannschaft (siehe oben); Yankee ist auch ein abfälliger Spitzname für Amerikaner
41	kapitulieren	den Kampf aufgeben
41	Harakiri	japanische Form des Selbstmordes, nur Rittern (Samurai) erlaubt
41	nach alter Väter Sitte	wie in früheren Generationen üblich
41	Banzai	jap. „10 000 Jahre": Ausruf, der Glück bringen soll
41	El Alamo	Missionsstation und Fort in Texas; Symbol für Tapferkeit und Aufopferung im Namen der Freiheit
41	Capa	eigentlich Capote: knielanger Mantel, mit dem ein Stierkämpfer einen Stier reizt und lenkt
44	Piper Cub	einmotoriges Leichtflugzeug
45	Meschuggener	Verrückter (aus dem Jiddischen)
48	Fangschuss	Jagdbegriff: Schuss, mit dem ein nur verletztes Tier getötet wird
51	Rain	Randstreifen eines Feldes
51	Schmetterlingsinvasion	Invasion: eigentlich militärischer Ausdruck für „Eindringen einer Kampftruppe in fremdes Gebiet", hier: Einfall von Schmetterlingen
52	Akt der Poesie	Handlung, die wie schöne Gedichte wirkt
52	Fistelstimme	Stimme eines Mannes, der hoch spricht
54	*aussi*	*auch*
54	*danseuse*	*Tänzerin*
54	Pawlowa	berühmte russische Tänzerin (1881 – 1931)
54	*Au revoir!*	*Auf Wiedersehen!*
54	*ici*	*hier*
61	*pourquoi*	*warum*
62	*pauvre Scharly*	*armer Charlie*
62	*Comment ça va?*	*Wie geht's?*
62	*voilà*	*Hier ist es./Hier sind sie.*
63	Quecksilber	flüssiges Metall, das schnell weggleitet

Wort- und Sacherklärungen (2)

S.	Ausdruck	Erläuterung
64	Stinson Reliant	einmotoriges Leichtflugzeug
65	Long Island Sund	Meeresbucht zwischen der Insel Long Island und dem Festland, an der auch Teile New Yorks liegen
66	Seder	Vorabend des Passah-Fests
68	Der Groschen ist gefallen.	Groschen = Münze; die Redewendung bedeutet: Ich habe verstanden, was los ist.
68	*Très bien.*	*Sehr gut.*
68	*le papier*	*das Papier*
69	*C'est le dativ, n'est-ce pas?*	*Das ist der Dativ, nicht wahr?*
69	*eh bien*	*na gut*
69	stupid	dumm
71	*plus*	*mehr*
75	ruchlos	gewissenlos, böse
76	*magnifique*	*ausgezeichnet*
76	*sans doute*	hier: *ohne Zweifel*
76	*peut-être*	*vielleicht*
77	Serenade	unterhaltsames Abendlied
79	*Allo! Je suis ici.*	*Hallo! Hier bin ich.*
79	Polente	Polizei (Gassensprache)
79	pilgern	hier: hinauswandern
81	Oberkommando	höchste militärische Führungsgruppe
81	Hitler, Goebbels, Göring	Nazi-Führer
81	Alliierte	Zusammenschluss der Länder, die gegen das „Dritte Reich" kämpften
82	Jiddisch	alte Sprache mittel- und osteuropäischer Juden
84	Scharlach	damals gefährliche Krankheit, weil es keine Antibiotika gab
84	Pocken	heute ausgerottete Seuche
85	Temperament	hier: Neigung, schnell in die Luft zu gehen
86	kolossal	hervorragend
91	Abraham Lincoln	amerikanischer Präsident (1861 – 1865)

S.	Ausdruck	Erläuterung
92	*certainement*	*sicher*
93	Rumpf	Körper-Mittelteil (ohne Kopf, Arme, Beine)
94	*merde*	*Scheiße*
96	hypnotisieren	jemanden in einen tief entspannten Zustand versetzen, in dem er zwar wach ist, sich seine Aufmerksamkeit aber nur auf bestimmte Dinge richtet
100	Klamauk	witzige, nicht sehr tiefsinnige Komik
100	Wochenschau	Zu Zeiten, als es noch kein Fernsehen gab, zeigte man im Rahmen der Wochenschau in Kinos die wichtigsten Ereignisse.
100	V-Bomben	eigentlich V1-Bomben oder V-Waffen („Vergeltungswaffen"): gefährliche Raketen der Nazis
100	General Eisenhower	amerikanischer General, im Zweiten Weltkrieg Oberbefehlshaber der alliierten Truppen in Europa, später US-Präsident
103	Roosevelt, Churchill	Roosevelt: zur Kriegszeit amerikanischer Präsident; Churchill: zur Kriegszeit britischer Premierminister
106	Schabernack	Witz
107	V-Zeichen	von Churchill (siehe oben) entwickeltes Siegeszeichen: Formen eines V (für *victory* = Sieg) mit Zeige- und Mittelfinger
108	Manhattan	New Yorker Stadtteil
108	Central Park	sehr großer Park mitten in New York
108	Vetter	Cousin
108	Telegramm	im 19./20. Jahrhundert Eilnachricht, per Funk übertragen und schriftlich an den Empfänger geliefert
110	Bethesda-Brunnen	nach einem Brunnen in Jerusalem benannt, der heilende Kräfte haben soll
110	Promenade	prächtige Straße für Spaziergänger
114	Ritual	in festgelegter Weise ablaufende Handlung

Wort- und Sacherklärungen (3)

S.	Ausdruck	Erläuterung
117	Okzident	Abendland (westliche Welt) in Abgrenzung zum Morgenland
122, 123	Luftschutzübung, Verdunkelung	Probealarm für den Fall eines Fliegerangriffs; Verdunkelung der Stadt nötig, damit Flugzeuge ihr Ziel nicht finden
123	Bass-Stimme	tiefe Stimme
125	Massachusetts	US-Bundesstaat nahe New York
125	Puritaner	im England des 16./17. Jahrhunderts verfolgte Religionsgruppe, die zu den ersten weißen Siedlern in den späteren USA gehörte
125	*bien étrange*	*ziemlich merkwürdig/sonderbar/anders/fremd*
125	*intolérant*	*voreingenommen, engstirnig*
126	Priem Kautabak	Priem: anderer Name für Kautabak; hier: „ein Stück Kautabak“
126	inbrünstig	von ganzem Herzen
129	hadern	sich Vorwürfe machen
130	Empire State Building	Hochhaus in New York; bis 1972 höchstes Haus der Welt
131	hohnlachen	sehr gemein auslachen
131	Krämerladen	kleines Geschäft (Krämer = Händler)
132	Corned Beef	gepökeltes Rindfleisch
133	Witzigheimer	Witzbold
134	schikanieren	ärgern, Schwierigkeiten machen
135	kratzbürstig	widerspenstig, unfreundlich
136	*C'est joli.*	*Das ist hübsch.*
139	*oiseau jaune*	*gelber Vogel*
140	*Bon voyage!*	*Gute Reise!*
140	*C'est épatant.*	*Das ist fantastisch/toll.*
145	*Vite! Vite!*	*Schnell! Schnell!*
149	*Arrête!*	*Hör auf! Halt an!*

S.	Ausdruck	Erläuterung
149	Sprit	(Flugzeug-)Benzin
150	jemanden gewahren	jemanden entdecken/bemerken
157	Hosenboje, Jolltau	hosenartiger Sack für Schiffbrüchige an einem Rettungsring; der Sack ist am Jolltau, einem Seil, befestigt
158	*Marx Brothers*	berühmte Brüder, drehten lustige Filme
158	Eiscreme-Soda	Glas mit Mineralwasser, Sirup und Sahne, oben eine Kugel Eis
158	*C'est un volcan vanille.*	*Das ist ein Vanillevulkan.*
160	Komitee	Gruppe, die sich um besondere Aufgaben kümmert
160	Synagoge	Gebäude, in dem sich die jüdische Gemeinde zum Gebet trifft
160	trübselig	traurig
161	Buch des Lebens	jüdisch-christliche Vorstellung von einem Buch, in dem Gott die Namen aller notiert, die Gutes taten
163	linkisch	ungeschickt
165	Shakespeare	berühmter englischer Dichter (1564–1616)
165	*bienvenue*	*willkommen*
167	Legierung	Mischung verschiedener Stoffe
167	*n'est-ce pas?*	*nicht wahr?*
168	tückisch	hinterlistig, gemein
169	*pourquoi pas?*	*warum nicht?*
170	*Je ne comprends pas.*	*Ich verstehe nicht.*
176	jemanden in der Mangel haben	jemanden angreifen, bedrohen, fertigmachen
179	Lebensmittelmarken	In Kriegszeiten wird häufig der Verbrauch von Lebensmitteln eingeschränkt. Auf den Marken steht die Menge, die einem zusteht.
185	grimmig	wütend, sehr verärgert
189	*Je m'appelle Charlie, et je t'aime.*	*Ich heiße Charlie und ich liebe dich.*

Alan – ein ganz normaler Junge

Verfasse auf der Grundlage der ersten vier Kapitel einen Steckbrief über Alan. Orientiere dich an den Zwischenüberschriften auf diesem Blatt. Notiere auch die Seitenzahlen, um die Ergebnisse zu belegen.

Alter:

Wohnort:

Alan und die Schule:

Hobbys:

Wie Shaun ihn sieht:

Was Gleichaltrige über ihn denken:

Seine Wünsche und Sehnsüchte:

Seine Ängste und Sorgen und wie er damit umgeht:

Alan und seine Familie:

Sonstiges:

Religion:

Wenn du Alan wärst …

1. Stell dir vor, dass deine Eltern dich bitten, einem Mädchen wie Naomi zu helfen. Wie würdest du dich entscheiden? Begründe.

2. Vorausgesetzt du hast dich entschieden, dich um das Mädchen zu kümmern. Wie würdest du versuchen, sein Vertrauen zu gewinnen? Sammle Ideen in einer Arbeitsgruppe und notiere sie.

Historische Hintergründe (1)

1. Unterstreiche wesentliche Informationen und kläre unbekannte Begriffe.

Adolf Hitler übernahm am 30.1.1933 in Deutschland die Macht als Reichskanzler, nachdem seine Nationalsozialistische Deutsche Arbeiterpartei (NSDAP) in den letzten freien Wahlen so stark geworden war, dass man ihn nicht mehr von der Regierung fernhalten konnte. Schnell wurden politische Gegner verhaftet oder sogar ermordet und schließlich herrschten Hitler und seine Partei allein. Weitere führende Köpfe der Nazis waren z. B. Joseph Goebbels und Hermann Göring. Goebbels hatte die Aufgabe, als „Reichspropagandaminister" die Deutschen im Sinne des Nationalsozialismus (NS) geistig zu beeinflussen, indem er u. a. alle Zeitungen, Radiosender und Filmproduktionsfirmen zwang, nur die NS-Ansichten darzustellen. Göring leitete als Innenminister die Unterdrückungsmaßnahmen gegen Gegner, dann war er Chef der Luftwaffe.

Propagandaplakat der Nazis

Die Nationalsozialisten vertraten eine extreme Ideologie (Weltanschauung), die alle Menschenrechte leugnete. Sie glaubten, das „Dritte Reich" oder „Tausendjährige Reich" zu errichten, in dem eine „Herrenrasse", die „Arier", für ewig über die Welt regiert. Als „Arier" sahen sie die Völker an, die von den Germanen abstammen, vorrangig aber die Deutschen. Andere Menschen und Völker galten als „Untermenschen" oder „minderwertige Rassen", die man ausbeutete oder tötete. Der größte Feind aus Sicht der Nazis waren die Juden. Sie galten als Ursache aller Probleme, als Verbrecher, die ihrerseits heimtückisch die Welt erobern wollten. Der Hass auf die Juden, der sogenannte Antisemitismus, existierte schon lange in Europa. Oft mussten sie als Sündenböcke für Probleme (z. B. Seuchen) herhalten. Aber erst die Nazis verfolgten die Juden systematisch und gnadenlos, sodass bis Kriegsende etwa sechs Millionen europäische Juden umgebracht wurden. Hinzu kamen viele, die aufgrund der unmenschlichen Bedingungen in den Konzentrationslagern der Nationalsozialisten erkrankten und später an den Folgen starben.

Neben dem Antisemitismus gibt es noch weitere Grundgedanken der Nazis:

- Unterdrückung aller anderen politischen Richtungen und damit Schaffung eines „Führerstaates", d. h. einer Diktatur, in der alle dem einen Führer Adolf Hitler gehorchen
- Aufhebung aller Menschenrechte und eines Gerichtswesens, das auch den Staat kontrolliert
- Abschaffung jeder Meinungsfreiheit und der Freiheit der Medien, der Kunst und Wissenschaft
- Töten alles sogenannten „unwerten Lebens", d. h. von unheilbar Kranken oder geistig Behinderten
- Herrschaft der Männer über die Frauen; ab Geburt Erziehung der Männer zu Kämpfern und Soldaten, der Frauen zu Müttern, die „dem Führer viele Kinder schenken"
- Glaube, dass das Leben ein ständiger Kampf ist, in dem nur der Starke (= „Arier") siegt
- ursprünglich Ideen wie Verstaatlichung von Großbetrieben (deshalb der Begriff „Sozialismus" im Parteinamen), tatsächlich aber keine Umsetzung solcher Vorhaben

Historische Hintergründe (2)

- Schaffung eines „großdeutschen Reiches", das alle von Deutschen besetzten Gebiete umfasst, und Besetzung weiterer osteuropäischer Gebiete als „Lebensraum" für Deutsche, in denen alle Nicht-Deutschen wie Sklaven arbeiten sollten

Der letzte Punkt wurde bald umgesetzt: Die NS-Regierung steckte Unsummen in die Aufrüstung der deutschen Armee, die nach der Niederlage im Ersten Weltkrieg (1914–1918) sehr klein war. 1938 wurde Österreich ins Deutsche Reich eingegliedert, die von Deutschen bewohnten tschechischen Gebiete besetzt und schließlich ganz Tschechien unterworfen. All das akzeptierten die anderen Großmächte. Am 1.9.1939 begann schließlich der Zweite Weltkrieg, der größte militärische Konflikt in der Menschheitsgeschichte, in dessen Verlauf ca. 60 bis 70 Millionen Menschen starben. Deutschland überfiel und besetzte unter einem Vorwand Polen. In der Folge erklärten zahlreiche Länder Deutschland den Krieg. Doch zunächst blieb Deutschland siegreich: Es besetzte in schneller Folge Dänemark, Norwegen, Belgien, die Niederlande, Luxemburg, Frankreich (Unterwerfung am 22.6.1940), Jugoslawien und Griechenland. In Frankreich gab es bis 1942 noch eine sogenannte „unbesetzte Zone" im Süden, aber deren Regierung musste in Wirklichkeit den Nazis gehorchen. Ab 1942 wurde auch dieses Gebiet von deutschen Truppen (der sogenannten Wehrmacht) besetzt. Im Laufe der Jahre weitete Hitler den Eroberungskrieg auf andere europäische Länder und Russland aus. Gegen die Nazis verbündeten sich viele Staaten, unter anderem Großbritannien und schließlich auch die USA und Russland. Diesen „Alliierten" gelang es letztlich, die deutschen Truppen zurückzudrängen, Deutschland zu besetzen und am 8.5.1945 den Krieg zu beenden.

Speziell in Frankreich entwickelte sich schnell Widerstand gegen die deutschen Besatzer. Die „Résistance" (frz.: Widerstand) bestand aus vielen Gruppen, die im Untergrund tätig, nur locker miteinander verbunden, aber gut organisiert waren. Sie wollten nicht einzelne Racheakte vollführen, sondern planmäßig gegen die deutsche Armee und NS-Organisationen vorgehen. Ihre Aktionen waren vielfältig: Ausspionieren der Truppen und ihrer Bewegungen und Weitermeldung an die Alliierten, Anlegen heimlicher Lager mit Waffen und Sprengstoff, die man aus Beständen der geschlagenen französischen Armee vor den Deutschen retten konnte, und Sabotageakte, also heimliche Anschläge oder direkte Angriffe gegen Truppeneinrichtungen und für die Truppen wichtige Anlagen (z. B. Bahnstrecken). Die Résistance legte systematisch für jeden Ort Akten an, in denen jede wichtige Anlage oder Einrichtung vermerkt war (z. B. Eisenbahntunnel, Fabriken, Einrichtungen der Deutschen). Unterlagen über Großstädte wie Paris enthielten auch Pläne über unterirdische Abwasserkanäle, die für Geheimaktionen benutzt werden konnten. Selbstverständlich war es wichtig, diese Unterlagen im Falle einer Entdeckung durch die Deutschen zu vernichten. Trickreich waren die Kämpfer der Résistance auch, wenn es darum ging, sich für Anschlagsplanungen zu treffen und darüber zu beraten: So fanden diese Zusammenkünfte in der Pariser U-Bahn, der Metro, statt, denn in Zügen voller Menschen und U-Bahn-Stationen konnten die Betroffenen nicht abgehört werden und unentdeckt entkommen.

Allerdings bemühten sich die Deutschen sehr, die Résistance zu behindern bzw. ihre Kämpfer zu enttarnen, zu verhaften oder zu ermorden. Ein Hauptmittel dazu war die Gestapo, die Geheime Staatspolizei. Sie bekämpfte in Deutschland und in den besetzten Gebieten Gegner der Deutschen und der Nazis, und zwar auf rücksichtslose und gewaltsame Weise. Es handelte sich um eine Polizeiorganisation, die direkt den NS-Machthabern unterstellt war, nur deren Interessen umsetzte, umfassende Befugnisse hatte und sich weder um Gesetze noch Gerichte scheren musste. Wer in die Hände der Gestapo fiel, war rechtlos; er wurde gleich ermordet oder, wenn man noch Informationen von ihm brauchte, gnadenlos gefoltert und dann erst getötet oder in die Konzentrationslager gesteckt.

2. Erstellt ein Plakat über die historischen Hintergründe.

5. bis 12. Kapitel: Erste Kontakte mit Naomi

Inhalt

Alan bemüht sich redlich um Naomi, aber der Anfang seiner Arbeit ist von frustrierenden Rückschlägen gekennzeichnet. In einem Trial-and-error-Verfahren gelingt es ihm jedoch, mithilfe von Handpuppen und Liedern Naomi allmählich zu öffnen. Die Freundschaft mit Shaun ist ebenfalls nicht unkompliziert: Als sich Alan vorsichtig herantastet, um zu prüfen, ob er Shaun von Naomi erzählen kann, äußert sich dieser so verächtlich über Mädchen im Allgemeinen und Naomi im Besonderen, dass Alan lieber schweigt.

5. Kapitel: Aller Anfang ist schwer (S. 33–40)
Alan macht sich mit seiner Handpuppe Charlie auf zu der in einem höheren Stockwerk gelegenen Wohnung der Familie Liebman, in der Naomi lebt. Mrs Liebman ist genauso voller Dankbarkeit wie Naomis tief gerührte Mutter, Mrs Kirschenbaum. Nachdem sie Alan noch einige Hinweise gegeben hat, z.B. dass er sich nicht schnell bewegen oder Naomi zu nahe kommen soll, betritt er deren Zimmer und setzt sich ruhig auf einen Stuhl, während Naomi Papier zerfetzt. Ein Kontakt entsteht, als sie beide auf Initiative Alans ihre Puppen Papier zerreißen lassen. Alan versucht schließlich etwas Neues, indem er Charlie tanzen lässt. Zwar bezweifelt er den Sinn der Aktionen – Naomi sei einfach verrückt –, gibt aber dennoch nicht auf und kündigt beim Gehen an, am nächsten Tag wiederzukommen.

6. Kapitel: Alans Verarbeitung seiner Frustration (S. 40–47)
Alan ist froh, wegen des Regenwetters vor Shaun keine Ausrede für seinen Besuch bei Naomi erfinden zu müssen. Auf dem Rückweg von der Schule spielen er und Shaun Fliegerkämpfe im Pazifik und spritzen sich vergnügt gegenseitig nass. Zu Hause angekommen merkt Alan, dass er vor allem Zeit gewinnen will, um den Besuch bei Naomi hinauszuzögern. Aber er überwindet sich und geht mit Charlie nach oben. Dort hat sich nichts geändert: Naomi sitzt nur da und zerreißt Papier. Obwohl Alan immer weiter mit ihr spricht, weil er sich an den Rat seines Vaters erinnert, der ihm – nach dem Tod seiner kleinen Schwester – empfohlen hat, mit der tief deprimierten Mutter einfach nur zu reden, geht nichts voran. Für ihn ist alles „[h]offnungslos“ (S. 47).

7. Kapitel: Alans erster Erfolg (S. 47–55)
Shaun und Alan sammeln in der Mittagspause viele Schmetterlinge in einer Tüte, um sie später im Englischunterricht von Mrs Landley auszulassen. Shaun entpuppt sich als jemand, der hinter der burschikosen Fassade sensibel ist, denn er kann einen verletzten Falter nicht töten, sehr zur Freude Alans, der immer schon kleine Tiere beschützt hat. Alan dürfe Shauns Verhalten, so dessen Forderung, allerdings nie verraten.

Im Unterricht wird zufällig ein Gedicht über Schmetterlinge behandelt, was Alan auf die Idee bringt, die Tiere, anders als geplant, bei ihrer ersten Erwähnung im Text freizulassen. Anders als befürchtet, wertet Alans Lieblingslehrerin die Aktion als bewegenden „Akt der Poesie“ (S. 52). Gekränkt ist Alan, da nicht nur andere, sondern auch Shaun über ihn lachen; das widerspricht seiner Vorstellung von Freundschaft.

Bei Naomi verläuft erst alles so erfolglos wie bisher. Alan verabschiedet sich schon mit Charlies Hilfe, als Naomi plötzlich ihre Puppe Yvette sprechen lässt und ankündigt, dass sie tags darauf Yvette tanzen lasse. Mrs Liebman und Mrs Kirschenbaum reagieren überglücklich.

8. Kapitel: Alan zwischen Freizeitvergnügen und Pflicht (S. 55–63)
Die nächsten Besuche verlaufen nicht wie erhofft. Naomi steigt nicht wirklich auf Alans Bemühungen ein. Als nach mehreren Regentagen die Sonne wieder scheint, entscheidet sich Alan, ohne seine Eltern vorher zu informieren, den Nachmittag mit seinen Freunden beim Schlagballspiel zu verbringen. Doch weil er mehrere Fehlschläge produziert, fühlt er sich nur wieder als Versager. Sein Vater verzeiht Alan zwar, dass er ohne Absprache auf der Straße geblieben ist, besteht jedoch darauf, dass er zu Naomi geht. Während er wieder in deren Zimmer sitzt, beschäftigen ihn seine Minderwertigkeitsgefühle; letztlich sei er nur ein guter Schüler, sonst aber „ein Nichts“ (S. 61). Die Wende tritt ein, als Naomi über Yvette fragt, warum Alan/Charlie so traurig sei. Alan nimmt verwundert das Gespräch auf. Als die Puppen den geplanten Tanz durchführen sollen, spricht Alan Naomi versehentlich mit ihrem richtigen Namen an, worauf sie panisch reagiert und in das alte Verhalten verfällt. Allerdings gelingt es Alan, sie wieder zum Sprechen zu bewegen, indem er nicht aufgibt. Sie vereinbaren das Tanzen für den nächsten Tag. Nach so vielen Fehlschlägen ist Alan glücklich, auch darüber, dass die richtige Naomi noch existiert, wenn auch „so schwer zu fassen und zu halten wie ein Tröpfchen Quecksilber“ (S. 63).

9. Kapitel: Erneuter Misserfolg von Alans Versuch, Shaun einzuweihen (S. 64–68)
Shaun und Alan lassen an einem Samstag glücklich und selbstverloren auf dem verlassenen Holmes-Flugplatzgelände ihre Modellflugzeuge steigen. Als Shaun schließlich

vorschlägt, nach Hause zum Schlagballspielen zu gehen, ist Alan erfreut und teilt bei dieser Gelegenheit mit, dass er wegen einer „Art Dauerauftrag“ (S. 66) nur noch an Samstagen, aber nicht während der Woche dazu Zeit habe. Es drängt Alan, sein Geheimnis mit Shaun zu teilen, doch als er ansetzt, indem er das Gespräch auf Naomi bringt, reagiert Shaun herabsetzend mit der Bezeichnung „Irre Ida“ (S. 67) und äußert noch mehr Abfälliges über sie. So beschließt Alan, nichts von seiner Aufgabe zu erzählen.

10. Kapitel: Der Tanz der Puppen als erster Durchbruch (S. 68–73)

Beim nächsten Besuch ist Naomi von Anfang an anders, zeigt schon Anflüge eines Lächelns. Sie und Alan lassen ihre Puppen tanzen und kommen dabei ins Gespräch über sich selbst. Naomi bezeichnet sich durch Yvettes Mund als dumm und verrückt. Alan lenkt sie ab und nach weiterem Herumtoben der Puppen gestehen sie einander, dass sie sich mögen und Freunde seien. Als sie die Idee haben, sich gegenseitig Lieder beizubringen, schlägt Alan die Marseillaise vor, die er gerade in der Schule lernen muss. Mit diesem Wort löst er allerdings bei Naomi eine Panikattacke aus: Das Lied, so Yvette / Naomi, sei ebenso tot wie sie selbst. Doch Alan kann die Situation retten, Naomi beruhigen und ein erneutes Treffen vereinbaren, bei dem er ein Liederbuch mitbringen will. Er ist voller Stolz, endlich einmal alles richtig gemacht zu haben.

11. Kapitel: Weitere Annäherung zwischen Alan und Naomi (S. 73–78)

Alan leiht sich in der Bibliothek viele Bücher aus; hier fühlt er sich wohl und Literatur löst tiefe Emotionen in ihm aus. Vor seinem Haus wird er von anderen als Bücherwurm verhöhnt. An diesem Abend empfängt Naomi ihn erstmals im Wohnzimmer, wirkt „völlig gelöst und fröhlich“ (S. 75) und geht mit ihm in ihr Zimmer. Überglücklich äußert sich Naomi / Yvette über die Liederbücher, sie macht sogar Witze über Texte. Schnell lernt sie neue Lieder und Alan ist verwirrt, weil er ihre Gescheitheit und ihre Verrücktheit nicht zusammenbringen kann. Aber er empfindet auch große Vertrautheit und hat das Gefühl, sie seit Langem von irgendwoher zu kennen.

12. Kapitel: Alan zwischen Shaun und Naomi (S. 78–83)

In den folgenden Wochen wächst die Nähe zwischen beiden, wobei Alan / Charlie als Lehrer und Naomi / Yvette als Schülerin fungiert. Zugleich fehlen ihm aber die Spiele mit den Jungen und vor allem Shaun, denn nur an Wochenenden hat er dafür noch Zeit. An einem Samstag sind er und Shaun wieder auf dem Holmes-Flugfeld und albern ausgelassen herum. Nach der Rückkehr sieht er vor seinem Wohnblock Naomi mit der Puppe im Arm – nach seinem Eindruck ein Bild „wie aus der Klapsmühle“ (S. 81) – die Treppe heruntergehen. Er versucht Abstand zu gewinnen, aber Naomi hat ihn entdeckt, nähert sich und spricht ihn über ihre Puppe als Freund an – vor Shaun, der sie wieder als „Irre Ida“ bezeichnet. Alan bemüht sich, es so aussehen zu lassen, als habe er mit Naomi nichts zu tun, obwohl er ihr zugleich signalisieren will, dass er ihr Freund sei, doch das traut er sich nicht. Er bedauert, immer jemandem wehzutun, „egal, was man macht oder nicht macht“ (S. 83).

Unterrichtsschwerpunkte

- Trauma und Hilfen für traumatisierte Menschen
- Freundschaft

Zum Aufbau der Unterrichtseinheit

Naomi wurde im ersten Teil nur knapp eingeführt, im zweiten steht sie zusammen mit Alan im Zentrum. Mag ein jugendlicher Leser am Anfang Naomis Verhaltensweisen noch als Schockzustand verstehen, könnte es doch sein, dass die Schüler – durchaus wie Alan und die Jungen – ihr jetzt differenzierter beschriebenes Verhalten als „verrückt“ abqualifizieren. Zwar lenkt Levoy geschickt

die Lesersicht, indem er Alans sensible Veränderung in der Wahrnehmung und Wertung von Naomi fein nachzeichnet, allerdings besteht die Gefahr, dass dem nicht alle Schüler folgen können. Von daher ist eine gründliche Auseinandersetzung mit der Thematik der Traumatisierung vonnöten. Die Beschäftigung sollte zu diesem Zeitpunkt stattfinden, weil sich sonst unter Umständen Vorurteile und vereinfachte Sichtweisen festigen.

Ratsam ist zudem eine Auseinandersetzung mit der Frage, wie man Traumatisierten helfen kann. Leider gewinnt die Lektüre diesbezüglich sehr an Aktualität und Relevanz, denn die Zahl der Kriegsflüchtlinge ist gewaltig und es kann in jeder Klasse passieren, dass traumatisierte Flüchtlingskinder zu Mitschülern werden. Zugleich erlaubt diese Stundeneinheit einen Rückgriff auf die Sammlung der Ideen, wie man einem Mädchen wie Naomi helfen könnte (vgl. KV „Wenn du Alan wärst …“, S. 16).

Im zweiten Handlungsstrang geht es um Alans und Shauns Freundschaft. Die eigentliche Krise und Bewährungsprobe steht zwar erst am Ende des dritten Lektüreteils und im vierten bevor. Aber eine Beschäftigung mit Vorstellungen von Freundschaft und Ansprüchen an

Freunde vorab ist hilfreich, damit die Schüler die späteren Vorgänge – basierend auf einer Reflexion, die vom Buch ausgeht, jedoch sie selbst in den Mittelpunkt stellt – bewusst einordnen können.

Die Sicherung des Verständnisses der gelesenen Passagen des Romans erfolgt im Zusammenhang mit den Kopiervorlagen.

Hier ein Vorschlag zur Gestaltung der Unterrichtseinheit zum zweiten Lektüreteil:

- 6./7. Stunde – Naomi als traumatisiertes Mädchen. Einstieg mit Bildern von Kindern in Kriegsszenen, Sammlung irritierender Verhaltensweisen Naomis, Erarbeitung von Wissen über Traumata mithilfe der KV „Einfach zu viel für die Seele“ (S. 27 f., Hinweise auf S. 21 f.) und Anwendung des Wissens auf Naomi mithilfe der KV „Wie lässt sich Naomis Zustand erklären?“ (S. 30, Hinweise auf S. 23 f.); evtl. noch Einsatz der KV „Was hilft Menschen mit einem Trauma?“ (S. 29, Hinweise auf S. 22 f.)
- 8./9. Stunde – Freundschaft: Einstieg mit Lied (Hinweise unter „Kreativ aktiv“, S. 26), Auseinandersetzung mit dem Thema in der 7./8. Klasse mithilfe der KV „So stelle ich mir Freundschaft vor …“ (S. 31, Hinweise auf S. 24 f.), in der 9./10. Klasse mithilfe der KV „Ein köstliches Geschenk?“ (S. 32, Hinweise auf S. 25 f.); Hausaufgabe: Lektüre des dritten Teils (S. 83–156)

Zu den Kopiervorlagen

Einfach zu viel für die Seele

Als Einstieg bietet sich die Präsentation von Bildern mit Kindern in einem Kriegsszenario an. Die Schüler sollen ihre spontanen emotionalen Eindrücke schildern und sich überlegen, wie es ihnen bei und nach solchen Erfahrungen ginge. Im nächsten Schritt werden sie aufgefordert, die Verhaltensweisen Naomis zu schildern, die für sie bei der Lektüre irritierend oder nicht erklärbar waren. Schon hier passiert es vielleicht, dass manche Schüler unpassende Bemerkungen machen. Zwar könnte man diese Jugendlichen einbremsen, indem man ihre Äußerungen mit denen von Shaun und anderen Jungen aus dem Roman gleichsetzt; allerdings besteht die Gefahr, dass sie gekränkt über die öffentliche Blamage dem weiteren Unterrichtsverlauf nicht folgen und so die Chance gering ist, dass sie ihre Vorurteile überwinden. Insofern ist es ratsam, auf jene Bemerkungen mit dem Hinweis zu reagieren, dass für einen Menschen, der in unseren sicheren Verhältnissen aufwächst, Naomis Verhalten tatsächlich schwer einzuordnen ist; wenn man jedoch mehr darüber weiß, was ein Kriegserlebnis bewirken kann, wird man sicher Verständnis haben.

Der zweiseitige Text über Traumatisierungen beschäftigt sich mit der Begriffsdefinition, Auslösern von Traumata, Faktoren, die das Ausmaß einer Traumatisierung bestimmen, und den möglichen Folgen; auf psychologische Fachbegriffe wurde weitgehend verzichtet. Je nach Alter und Leistungsstand der Schüler sind verschiedene Möglichkeiten der Bearbeitung denkbar (abschnittsweise oder im Ganzen, in Einzel-, Partnerarbeit oder im Plenum).

Auf der Kopiervorlage ist als Aufgabe lediglich das Erstellen einer Gliederung und nicht das Verfassen einer Inhaltsangabe vorgesehen, um den Zeitrahmen nicht zu überdehnen, den Text aber trotzdem zum Training weiterer Kompetenzen zu nutzen. Das Gliedern ist für die Schüler insofern einfach, als relevante Überbegriffe im Text eingebaut sind. Unabhängig von der Aufgabe muss der Inhalt besprochen werden, um das Verständnis zu sichern. Sollten Sie den Umgang mit Sachtexten parallel zur Lektüre üben wollen, können Sie auch eine Mindmap oder eine Inhaltsangabe erstellen lassen. Ansonsten geschieht die Intensivierung der Auseinandersetzung mit dem Text im Rahmen der KV „Wie lässt sich Naomis Zustand erklären?“ (S. 30), bei der die Textinformationen direkt auf die Protagonistin angewendet werden.

Hier noch einige Anmerkungen zur fachlich korrekten Benennung von Naomis psychischen Problemen:

- Entgegen dem, was in anderen Publikationen zu Levoys Roman steht, leidet Naomi nicht an einer Schizophrenie, auch nicht nach ihrer Retraumatisierung infolge des Kampfes zwischen Alan und Joe. Schizophren bedeutet zwar wortgeschichtlich Spaltung und meint in der Psychologie/Psychiatrie die Abspaltung eines Menschen von der Realität, ist jedoch per definitionem mit richtigen Wahnvorstellungen, Gedankeneingebungen usw. verbunden (vgl. die einschlägigen diagnostischen Manuale: das ICD-10 der WHO – *www.dimdi.de* – oder das US-amerikanische DSM-5). Solche Symptome schildert der Roman eindeutig nicht.
- Die Spaltung einer Persönlichkeit in zwei oder mehrere Teile, wie sie Naomi zeigt, fällt ebenfalls nicht unter den Begriff der Schizophrenie, sondern unter den der dissoziativen Identitätsstörung (oder auch der multiplen Persönlichkeitsstörung). Wie bei literarischen Figuren nicht unüblich, besteht jedoch keine Klarheit, ob alle Bedingungen dieses Störungsbildes erfüllt sind. Denn ihnen zufolge treten die Persönlichkeiten nicht getrennt auf, sondern im Wechsel und wissen nichts voneinander. Dreimal aber äußert sich Yvette über Naomi in einer Weise, die deutlich macht, dass sie den anderen Persönlichkeitsteil kennt („Sie ist stupid. Dumm.“, S. 69; „Aber sie auch ist tot.“, S. 71; „Sie ist tot … sie ist tot … tot.“, S. 94). Zudem steht nirgends, dass Naomi ihrer Mutter gegenüber auch als Yvette auftritt; vielmehr wird sie immer als Naomi angesprochen und reagiert darauf. Insofern liegen bei Naomi diagnostisch nur Ansätze einer dissoziativen Identitätsstörung vor.
- Solche Ansätze sind bei Menschen mit einem Posttraumatischen Belastungssyndrom (PTBS) nicht unüblich, vor allem bei starker Ausprägung. Insofern ist diese Diagnose zutreffend.
- Nach ihrer Retraumatisierung am Ende zieht sich Naomis Seele komplett von der Außenwelt zurück. Hier liegt wieder keine Schizophrenie vor, sondern sehr eindeutig ein sogenannter dissoziativer Stupor. Das bedeutet, dass der Betroffene in einen geistesabwesenden Zustand verfällt und dabei gar nicht oder kaum auf äußere Reize reagiert.

Nun muss man bei der Besprechung auf diese Feinheiten nicht eingehen. Vermeiden Sie aber die fehlerhafte Verwendung des Begriffs Schizophrenie bzw. korrigieren Sie den falschen Begriffsgebrauch, sofern Schüler den Ausdruck verwenden.

Lösung

Hier ein Vorschlag zur Gliederung des Textes:

1. Herkunft und Definition des Begriffs Trauma
2. Beispiele und Gemeinsamkeit typischer traumatisierender Ereignisse
3. Abhängigkeit der traumatisierenden Wirkung eines Ereignisses von verschiedenen Umständen
   a) Art, Dauer und Häufigkeit auslösender Ereignisse
   b) Lebensumstände des Betroffenen
   c) Persönlichkeitsmerkmale
4. Typische Symptome und Verhaltensweisen traumatisierter Menschen
5. Unterschied zwischen Traumata und seelischen Krankheiten

Was hilft Menschen mit einem Trauma?

Bei älteren Schülern kann man diesen Text einsetzen, bei jüngeren ist es besser, sie im Roman Alans Hilfsmaßnahmen herausarbeiten zu lassen. Darüber hinaus kann man sie dazu animieren, Überlegungen anzustellen, warum eine bestimmte Aktion hilft. Gegebenenfalls müssen Sie erklärend eingreifen; in diesem Fall dient die Kopiervorlage auch zu Ihrer Information.

Der Grund für die Aufnahme des letzten Abschnitts des Textes („Wie reagiert man am besten, wenn jemand gerade etwas besonders Schlimmes erlebt hat?“) besteht darin, dass kleinere und größere Krisen auch in Schulen jederzeit auftreten können. Wenn z. B. ein Lehrer auf dem Pausenhof tot zusammenbricht, können anwesende Schüler massiv traumatisiert werden. Die Kopiervorlage gibt Auskunft, wie man in Krisensituationen reagiert (dass man mit einem Betroffenen z. B. nicht gleich über seine Gefühle reden sollte). Darüber hinaus gibt sie Hinweise zum Umgang mit der Unterschiedlichkeit möglicher Trauerreaktionen. Näheres können Sie über schulische oder regionale Kriseninterventionsteams erfahren, die inzwischen fast überall existieren.

Lösung
Aufgabe 1:
Einen Lösungsvorschlag finden Sie unten.

Aufgabe 2:
Siehe Hinweise zur folgenden KV „Wie lässt sich Naomis Zustand erklären?“.

Wie lässt sich Naomis Zustand erklären?
Diese Kopiervorlage erlaubt es, die „Theorie“ (Wissen über Traumata) auf die „Praxis“ (literarische Figur Naomi) anzuwenden. Zeichnen Sie die Grundstruktur der Grafik (Thema „Naomis Trauma“ in der Mitte und davon abgehende Zweige) an die Tafel. Lassen Sie die Schüler ihre Antworten zunächst auf ihrem Arbeitsblatt notieren, bevor Sie die Ergebnisse gemeinsam mit Ihnen besprechen und an die Tafel schreiben.

Die Bearbeitung ist auf der Basis des ersten und zweiten Lektüreteils möglich, spätere Romanabschnitte ergänzen nur Details bzw. setzen im Bereich der Hilfen die schon begonnenen Wege fort. Sie können also im dritten und vierten Teil auf dieses Blatt zurückgreifen und Aspekte ergänzen. Letzteres ist aber nicht zwingend notwendig. Mit der Bearbeitung der Kopiervorlage sichern Sie zugleich das Textverständnis.

Haben Sie die KV „Was hilft Menschen mit einem Trauma?“ (S. 29) nicht eingesetzt, müssen Sie die Gründe für die Wirksamkeit von Alans Maßnahmen vor allem mit jüngeren Schülern besprechen, damit sie es verstehen.

Lösung
- Naomis Symptome: große Angst; schnelles Erschrecken; Rückzug ins eigene Zimmer, das sie nur selten und nur in Begleitung der Mutter verlässt; Rückzug vor fremden Menschen; keine Freude; zwanghaftes Zerfet-

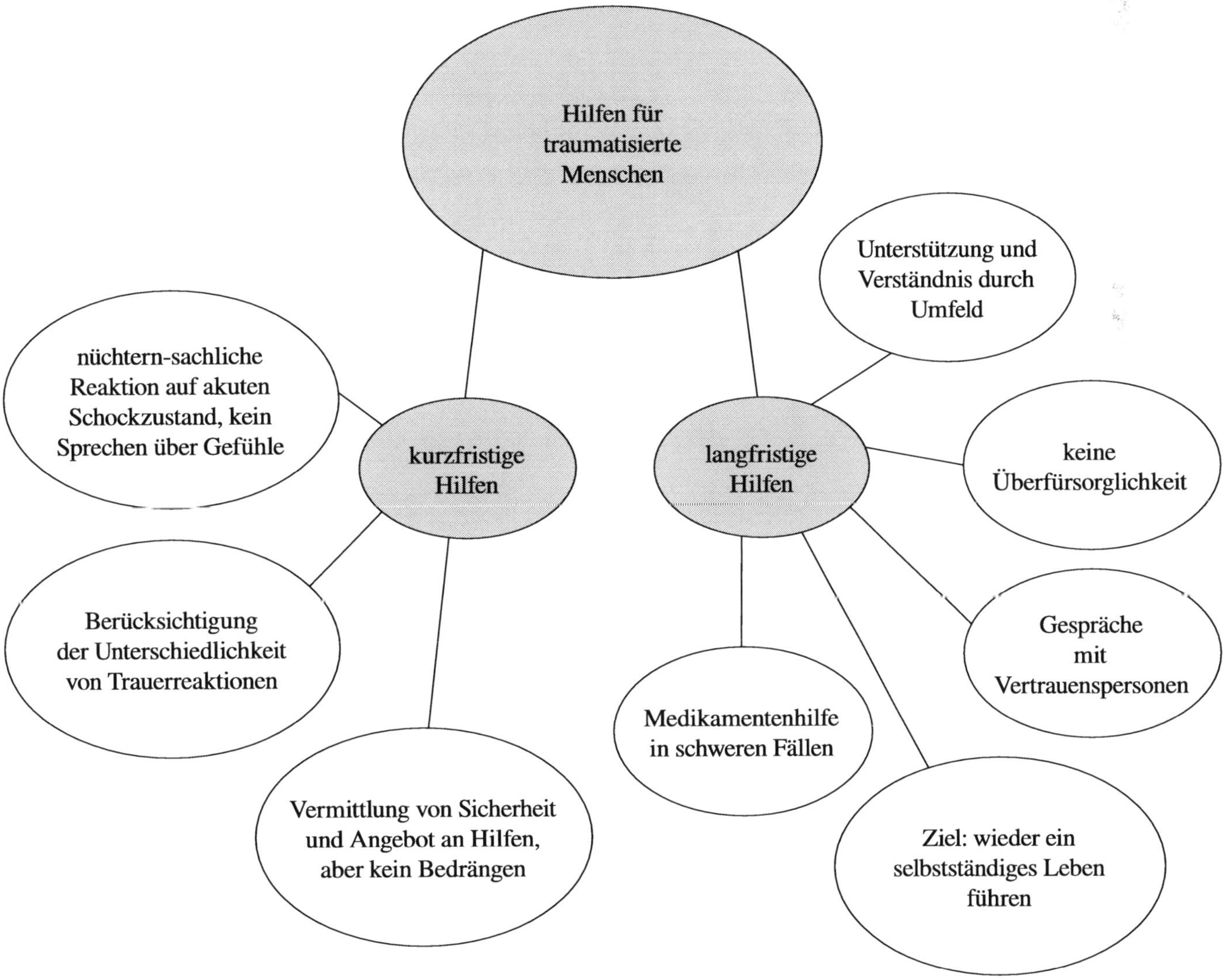

Hilfen für traumatisierte Menschen

kurzfristige Hilfen
- nüchtern-sachliche Reaktion auf akuten Schockzustand, kein Sprechen über Gefühle
- Berücksichtigung der Unterschiedlichkeit von Trauerreaktionen
- Vermittlung von Sicherheit und Angebot an Hilfen, aber kein Bedrängen

langfristige Hilfen
- Unterstützung und Verständnis durch Umfeld
- keine Überfürsorglichkeit
- Gespräche mit Vertrauenspersonen
- Medikamentenhilfe in schweren Fällen
- Ziel: wieder ein selbstständiges Leben führen

zen von Papier: symbolischer Versuch der Schuldbewältigung; Persönlichkeitsspaltung in Naomi (traumatisiertes Mädchen, das sich aus der Welt zurückzieht) und Yvette (kleinkindlicher Zustand Naomis vor den schlimmen Erlebnissen); Schlüsselreize, die sofort Angst hervorrufen: französische Nationalhymne und Nennen ihres Namens „Naomi“; insgesamt: keine Verrücktheit oder Geisteskrankheit, sondern Versuch, mit den schlimmen Erlebnissen fertigzuwerden

- Auslöser für Naomis Zustand: Tötung des Vaters; gefährliche Flucht; Gefühl äußerster Hilflosigkeit
- Gründe für das starke Ausmaß: Brutalität der Tötung des Vaters; Vater als sehr nahe stehende Person; lange Dauer der lebensgefährlichen Situation (Flucht durch Kanäle); lange Dauer des Wartens auf Ausreise in die sichere USA; begrenzte Möglichkeit der Mutter, Naomi zu helfen (selbst verfolgt und angesichts von Naomis Zustand hilflos); Naomis junges Alter; ihre Sensibilität; ihre Schuldgefühle
- Wie hilft Alan dem Mädchen? Er ist für sie da und gibt nicht auf; indirekte Kontaktaufnahme über die Puppen: erhält Naomi die Sicherheit der gespaltenen Persönlichkeit, erlaubt aber den Kontakt zur Außenwelt; er stellt Normalität her: Singen von Liedern, Schüler-Lehrer-Spiel; er gibt ihr Sicherheit und schafft Vertrauen

KV Seite 31

So stelle ich mir Freundschaft vor ...

Das Thema „Freundschaft“ zieht sich durch das ganze Buch, sowohl in Bezug auf Alan und Naomi als auch auf Alan und Shaun. Dabei sind die Akzente verschieden, denn im Verhältnis zu Naomi geht es um etwas anderes als in dem zu Shaun: Freundschaft eines

Jungen zu einem Mädchen, in der sich allmählich Züge einer (platonischen) Liebe entwickeln, vs. Freundschaft ohne sexuelle Aspekte zwischen zwei Jungen.

Während diese Kopiervorlage mehr für den Einsatz bei jüngeren Schülern (7./8. Klasse) gedacht ist, eignet sich die KV „Ein köstliches Geschenk?“ (S. 32) eher für die 9./10. Klasse. Der Einstieg zu beiden Blättern kann über ein Lied zum Thema erfolgen (Hinweise unter „Kreativ aktiv“, S. 26).

Um sozial erwünschte Antworten zu vermeiden, sollte bei Aufgabe 1 zunächst jeder Schüler für sich Antworten finden und diese erst dann im Partner- oder Gruppengespräch erörtern. Die Diskussion im Plenum weiterzuführen ist zeitaufwändig und nicht zwingend notwendig, da es keine Idealantworten gibt. Falls Sie aber merken, dass Meinungsführer in einzelnen Gruppen die Debatte zu stark dominieren oder einzelne Gruppen zu idealistische Vorstellungen formulieren, sollten Sie vor der Bearbeitung der Aufgabe 2 im Plenum eine fokussierte Diskussion führen: Lassen Sie Gruppen mit sehr divergenten oder zu idealistischen Ansichten ihre Positionen vortragen. Mit Sicherheit löst das eine heiße Diskussion aus und erlaubt dann auch Schülern, die vorher von Meinungsführern dominiert wurden, ihre Sicht einzubringen.

Aus psychologischer Sicht ist die Thematisierung von Freundschaft im Unterricht nicht unproblematisch: Dabei werden auch aktuelle gruppendynamische Vorgänge, kriselnde Freundschaften oder offene Wunden aus früheren Beziehungen berührt. Zudem gibt es oft genug Einzelne, die am Rande stehen (vielleicht sogar völlig außerhalb der Klassengemeinschaft) und das Fehlen einer Freundschaft als sehr schmerzhaft empfinden. Sie müssen für solche Prozesse sensibel sein und alle Schüler gut im Blick haben.

Lösung

Aufgabe 1:
individuelle Lösung

Aufgabe 2:
Probleme können aus folgenden Vorstellungen, Verhaltensweisen und Situationen resultieren:

- besitzergreifende Erwartungen, die Freiraum und Individualität des/der anderen einschränken, bis hin zu Extremen wie z. B. dem Verbot an den Freund/die Freundin, mit anderen Zeit zu verbringen, oder die Forderung nach dauernder Nähe und ständigen gemeinsamen Aktivitäten
- eine regelrechte Abschottung gegenüber anderen Personen oder Personengruppen und die Erwartung völlig gleichen Denkens und Urteilens
- Irritationen, die sich aus Schwächen, Kanten, Eigentümlichkeiten des Freundes/der Freundin ergeben, und die im Kindesalter noch unausgereiften sozialen Fähigkeiten, damit umzugehen; in der Lektüre leidet Alan diesbezüglich an und unter Shaun; solche Schwächen können wegen idealistischer Erwartungen an Freunde ggf. nicht akzeptiert werden
- Menschen (insbesondere Jugendliche) entwickeln sich weiter und verändern sich, was manche Freundschaft nicht aushält
- mangelnde Bereitschaft, an der Freundschaft zu arbeiten

Lösungsmöglichkeiten für solche Probleme:
- regelmäßig und vor allem offen miteinander über die Freundschaft und die Erwartungen aneinander sprechen; aber nicht ständig, denn es gibt auch ein Übermaß an Reflexion
- im Bewusstsein der eigenen Freiheitsbedürfnisse die Erwartungen an den anderen / die andere begrenzen
- Kontakte mit Dritten als Bereicherung der eigenen Freundschaft sehen
- im Wissen um die eigenen Schwächen nachsichtig mit denjenigen von Freunden umgehen

Insgesamt ist eine Orientierung an der goldenen Regel hilfreich: „Behandle andere so, wie du selbst behandelt werden möchtest!"

Aufgabe 3:
Wesentliche Aspekte der Freundschaft:
- Shaun als Helfer und zugleich Vorbild Alans (vgl. 1. Kapitel); Hilfe Shauns für Alan aber auch kränkend (vgl. S. 10 und 58)
- Überwindung konfessioneller Vorurteile der Eltern (vgl. S. 11 f.)
- Ansätze von Offenheit für wechselseitige Kritik (vgl. S. 30–33)
- Bereitschaft Shauns, seine sensible Seite zu zeigen (vgl. S. 49)
- gemeinsame Freude am Herumalbern und an Kriegsflugzeugen (vgl. S. 40–42, S. 64 f. und S. 79 f.) sowie am Schlagballspiel

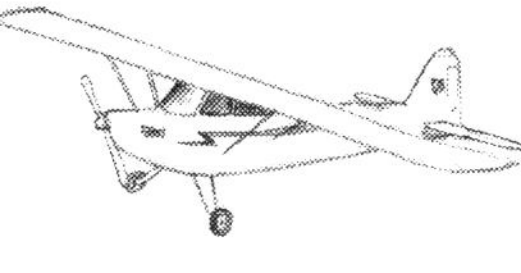

Probleme der Freundschaft:
- Shauns abwertende Einstellung zu Mädchen als Wesen, die nur kichern, und Gleichsetzung von Jungen, die sich mit Mädchen abgeben, mit „Schissern" (S. 33); herabsetzende Bemerkungen über Naomi (vgl. S. 67)
- Alans Unfähigkeit, sein Geheimnis zu lüften (vgl. S. 66 f.)
- Wechselhaftigkeit im Verhalten Shauns (vgl. Shauns Lachen nach der spöttischen Bemerkung eines Mitschülers infolge von Mrs Landleys Reaktion auf den „Schmetterlingsüberfall", S. 52), das Alan nicht einordnen kann (vgl. S. 53); in diesem Zusammenhang ist Alans Erwartung, die aus seinem Schwarz-Weiß-Denken ableitbar ist, problematisch: „Machen Freunde so was? Ist mal Freund, mal Feind" (ebd.). Für Alan zeigt sich wahre Freundschaft offenbar nur, wenn jemand uneingeschränkt und stets auf seiner Seite steht; damit aber ist für ihn jede minimale Abweichung davon ein Ausdruck von „Feindschaft" – eine Denkweise, die zwangsläufig nicht nur ihn unglücklich sein lässt, sondern eine Beziehung belastet

Nach dem Herausarbeiten dieser Probleme können Sie die Schüler spekulieren lassen, wie sich die Freundschaft weiterentwickelt. Die tatsächliche Entwicklung wird dann im vierten Teil der Lektürebesprechung behandelt. Eine Anregung zur kreativen Auseinandersetzung finden Sie auf S. 26: fiktive Tagebucheinträge von Shaun und Alan, in denen sie die Gespräche reflektieren, bei denen Alan Shaun einzuweihen versucht.

KV Seite 32

Ein köstliches Geschenk?
Diese bei älteren und leistungsstärkeren Schülern einsetzbare Kopiervorlage geht von Zitaten über Freundschaft aus. Damit verknüpfen Sie die Lektürearbeit mit drei anderen Lehrplanbereichen: dem Training des Verständnisses aphoristischer Texte, in Aufgabe 2 mit dem Üben mündlicher Textsorten, hier in Form einer Rede, und dem Training argumentativer Kompetenzen. Die Thematik kann mit einem Exkurs über den Freundschaftsbegriff in sozialen Netzwerken vertieft werden.

Lösung
Aufgabe 1:
- Seltenheit wahrer Freundschaft
- langsame Entwicklung wirklicher Freundschaft
- Akzeptanz von Schwächen des anderen als Grundlage zum Erhalt von Freundschaft
- Freundschaft als Resultat eigenen freundschaftlichen Verhaltens
- Erhalt der Freundschaft als ständige Aufgabe
- Förderung der Weiterentwicklung durch Kritik
- Erhalt der Freundschaft trotz der Schwächen eines Freundes und auch in schwierigen Situationen

Aufgabe 2:
Die Zitate formulieren in verschiedener Hinsicht sehr problematische Vorstellungen von Freundschaft:
- Gaius Crispus Sallust: absolute Übereinstimmung von Interessen und damit des Denkens; das mag einem völlige Akzeptanz und Geborgenheit vermitteln, ist aber unrealistisch, weil Menschen nie so gleich sein können, vor allem in Phasen der dynamischen Entwicklung wie im Jugendalter. Solche irrationalen Erwartungen führen nur zu Enttäuschungen und Unglücksgefühlen. Darüber hinaus geben unterschiedliche Ansichten spannende Impulse und halten die Freundschaft lebendig.
- Erich Wilhelm: totale Übereinstimmung von Interessen und Gedanken; besitzergreifende Forderung nach ständiger Nähe, womit man einander ein gehöriges Maß an Freiheit nimmt und sich des Zuflusses neuer Ideen und

Erfahrungen, die aus Begegnungen mit anderen resultieren, beraubt
- Mark Twain: Verzicht auf Kritik; das vermittelt einem zwar Akzeptanz und Geborgenheit, beraubt einen aber auch der Möglichkeiten der Weiterentwicklung und des Überwindens von Fehlern; in diesem Zusammenhang können Sie vielleicht ein Zitat der humanistischen Psychologin Ruth Cohn einfließen zu lassen: „Zu wenig zu geben ist Diebstahl, zu viel zu geben ist Mord."

Aufgabe 3:
Siehe Lösung zu Aufgabe 3 der KV „So stelle ich mir Freundschaft vor ..." auf S. 25.

Kreativ aktiv

Lieder zum Thema Freundschaft
Lieder bieten sich als Einstiegsmöglichkeit an. Alle folgenden Beispiele finden Sie bei *Youtube*. Damit die Lieder motivierend wirken, müssen sie dem Musikgeschmack heutiger Jugendlicher entgegenkommen. Zwei Beispiele sind meines Erachtens hierfür geeignet:
- AntiHeld: „Das ist Freundschaft" – sehr jugendnah, trotzdem durchaus substanziell in der Aussage
- ainfachxanna: „Freunde sind wie Sterne" – behandelt das Thema in Rapform, wobei kein Sänger auftritt, sondern man den Text mitlesen kann; die zahlreichen orthografischen Fehler muss man allerdings ertragen

Weniger geeignet sind folgende Lieder, auch wenn sie uns Erwachsenen vielleicht näherstehen:
- Reinhard Mey: „Gute Nacht, Freunde" – ein Klassiker, aber in seiner Art für Jugendliche wohl zu weit weg
- Franz Beckenbauer: „Gute Freunde kann niemand trennen" – für Fußballfans vielleicht attraktiv, aber insgesamt aus heutiger Sicht schlichtweg „peinlich"
- Die Toten Hosen: „Freunde" – Das Lied akzentuiert Freundschaft in der Peergroup in Abgrenzung zur Erwachsenenwelt und das Beibehalten damals entwickelter Wertvorstellungen beim Älterwerden, ist für heutige Jugendliche aber ebenfalls sehr weit weg. Den historischen Kontext bilden die Jugendbewegungen der 70er- und 80er-Jahre mit ihrer Abgrenzung gegen eine spießig-autoritäre und als verlogen betrachtete Erwachsenenwelt; allgemeinere Aspekte von Freundschaft erst im zweiten Teil
- Lieder der Gruppen „Amigos" und „Dorfrocker" – Schnulzen, die auf Schüler wohl eher kontraproduktiv wirken

Fiktive Tagebucheinträge von Shaun und Alan
Die Schüler sollen sich vorstellen, dass die beiden Jungen nach Alans Versuchen, Shaun in sein Geheimnis einzuweihen (4. und 9. Kapitel), einen Tagebucheintrag verfassen, in dem sie über die Gespräche reflektieren.

Ausstellung zum Thema Freundschaft
Möchten Sie dem Thema einen größeren Stellenwert einräumen, können Sie – evtl. in Zusammenarbeit mit den Fächern Religion/Ethik, Musik und Kunst – ein Projekt starten, das das Gestalten einer Ausstellung zum Ziel hat. Sie kann (kommentierte) Gedichte, Geschichten, Ausschnitte aus Romanen und Bilder dazu präsentieren; in einer Abteilung kann man auch Lieder abspielen (Vorsicht: Abklärung mit der GEMA!), in einer anderen Besucher auffordern, sich zu äußern usw. Da das Thema für Schüler entwicklungspsychologisch sehr relevant ist, dürften sowohl die Macher als auch die Besucher davon profitieren.

Jugendbuchklassiker kennenlernen
Auf S. 61 und S. 73 f. erfahren wir von Alans Begeisterung für Literatur. Die aufgezählten Werke sind Klassiker der Jugendliteratur, die zur Entstehungszeit des Romans populär waren, heute vielen Schülern aber unbekannt sind. Sie können interessierte Schüler einige dieser Werke vorstellen lassen, verbunden mit dem Auftrag, sie aus Sicht heutiger jugendlicher Leser zu bewerten.

„Die Titel waren wie Trommelwirbel" (S. 74) – von der Lust zu lesen
Eine Alternative besteht darin, dass die Schüler diejenigen Lektüren vorstellen, die sie selbst ähnlich wie Alan begeistert haben. Dafür gibt es verschiedene Möglichkeiten wie z. B. Gesprächskreise oder die Gestaltung von Plakaten, auf denen der Inhalt der Werke kurz angerissen wird, vor allem aber ein Plädoyer steht, warum man dieses Buch unbedingt lesen sollte.

Einfach zu viel für die Seele (1)

Lies den Text. Gliedere ihn in Abschnitte und finde Überschriften.

Das Wort Trauma (Plural: Traumata) kommt aus dem Griechischen und bedeutet Verletzung. In der Psychologie versteht man darunter eine heftige seelische Erschütterung, die von einem besonders schlimmen (einmaligen oder wiederholten) Erlebnis ausgelöst wird, mit dem man nicht fertigwird.

Typische traumatisierende, also ein Trauma auslösende Ereignisse sind z. B. Naturkatastrophen, Vergewaltigungen, schwere Unfälle, lebensgefährliche Erkrankungen (vor allem in der Kindheit), gewalttätige Angriffe, Kriegserlebnisse, Entführungen, Terroranschläge, Verfolgung, Folter, Haft unter unmenschlichen Bedingungen, aber auch der Tod eines nahestehenden Menschen, vor allem, wenn dieser gewaltsam eintritt. Traumatisierend können auch anhaltende schlimme Lebensumstände sein, z. B. Misshandlungen oder ständige Vernachlässigung eines Kindes durch Eltern, familiärer Missbrauch, Mobbing, ständige schulische oder berufliche Misserfolge. Alle diese Geschehnisse haben gemeinsam, dass der Betroffene in einen Zustand äußerster Hilflosigkeit gerät.

Flüchtlinge warten an der ungarischen Grenze darauf, weiterreisen zu dürfen. Was sie erleben, ist oft zu viel für die Seele.

Damit ein Trauma entsteht, muss der Betroffene aber nicht nur etwas Extremes durchgemacht haben, sondern auch nicht in der Lage sein, mit diesem Geschehen umzugehen. Das heißt: Es gibt Menschen, die dasselbe erleben, es aber nach einer gewissen Zeit von Stress, Angst oder Trauer verarbeiten, sodass die belastenden Gefühle abklingen; manche haben auch gelernt, mit schlimmen Situationen angemessen umzugehen (z. B. der Arzt mit Unfallopfern). Andere schaffen das nicht. Die Wahrscheinlichkeit, ein Trauma zu entwickeln, hängt von verschiedenen Umständen ab:

- Zum einen sind das Art, Dauer und Häufigkeit der auslösenden Erlebnisse: Je brutaler ein Ereignis abläuft und je näher einem das oder die Opfer stehen, desto schlimmer ist es für die Beteiligten. Bei einem einmaligen und kurzen schlimmen Geschehen (z. B. einem Unfall) ist die Wahrscheinlichkeit eines Traumas geringer als bei anhaltenden Ereignissen (z. B. Krieg, Verfolgung, Terror). Naturkatastrophen kann man leichter verarbeiten als Ereignisse, die von Menschen verursacht werden, weil dies das Sicherheitsgefühl, welches jeder Mensch braucht, mehr zerstört.
- Zum Zweiten sind Umstände entscheidend, in denen ein Betroffener lebt: Besonders schlimm trifft es Menschen, die nach dem Ereignis alleingelassen sind, wohingegen es hilft, wenn man in eine Gruppe eingebunden ist, die sich gegenseitig stützt. Doch auch die Anwesenheit der Familie schützt nicht zwingend: Denn falls die Bezugspersonen (Eltern, Geschwister) selbst traumatisiert sind, können sie keine Hilfe geben. Wichtig ist schließlich, wie schnell man in eine Umgebung kommt, die einem Schutz und Sicherheit gibt.
- Der wesentliche dritte Gesichtspunkt sind persönliche Merkmale: Sehr junge und ältere Menschen z. B. können auf etwas schneller mit einem Trauma reagieren als Menschen mittleren Alters. Erstere sind weniger in der Lage, für schlimme Situationen eine Lösung zu finden, etwas zu ändern, die richtigen Ursachen zu erkennen usw. Gerade Kinder glauben schneller daran, dass sie an etwas schuld seien, obwohl dies gar nicht zutrifft. Schließlich gibt es Menschen, die von Natur aus ein „dickeres Fell" haben, das heißt, sich nicht so schnell erschüttern lassen, während andere sensibler sind.

Einfach zu viel für die Seele (2)

Traumatisierte Menschen reagieren mit einer Reihe typischer Symptome und Verhaltensweisen, die unterschiedlich intensiv ausfallen können:

- Oft treten Konzentrationsprobleme und Ablenkbarkeit auf, weil betroffene Menschen sich unbewusst vor neuen Gefahren fürchten oder ständig grübeln.
- Typisch sind übermäßige Erregbarkeit und heftige Gefühlsreaktionen, z. B. Wutausbrüche, leichtes Erschrecken, Albträume, Panikattacken, anhaltende starke Angstzustände.
- Betroffene versuchen dabei auf verschiedenen Wegen, ihr Gefühlschaos zu bändigen, die Kontrolle zu bewahren, die man beim traumatisierenden Erlebnis nicht mehr hatte, und sich einigermaßen sicher zu fühlen: räumlicher Rückzug (man verlässt seine Wohnung nicht mehr oder nur in Begleitung von Personen, von denen man sich beschützt fühlt); Rückzug vor Menschen, vor allem vor Fremden; Versuch, alles zu kontrollieren; Vermeidung von allem, was einen an das Ereignis erinnern könnte (man besucht z. B. nicht den Ort des Geschehens oder schaut keine Bilder davon an).
- Umgekehrt kann man oft keine Freude mehr empfinden, rechnet stattdessen immer mit dem Schlimmsten, damit es einen nicht überraschen kann.
- Manchmal treten schwere seelische Störungen auf, z. B. Selbstmordabsichten, Drogenabhängigkeit, Essstörungen. Betroffene, die mit dem Ereignis erhebliche Schuldgefühle verbinden, entwickeln auch Zwänge, z. B. Kontrollzwänge oder Waschzwänge, oder wiederholen zwanghaft eine Handlung, die mit dem Ereignis in Verbindung steht – ein Versuch, auf symbolische Weise ihre Schuld zu bewältigen.
- Manche Betroffene können sich an die gesamte Zeit, in der etwas Einschneidendes passiert ist, nicht mehr erinnern. So schieben sie auch die damit verbundenen Gefühle von sich weg. Allerdings kostet das ungemein viel Kraft.
- Eine besonders schwere Form der Reaktion besteht darin, dass man seine Persönlichkeit spaltet. Dann gibt es mehrere „Ichs", die abwechselnd auftreten. Oft ist die eine Persönlichkeit der Teil, der alle schlimmen Gefühle in sich trägt, die andere Persönlichkeit hingegen verdrängt diese Empfindungen völlig und denkt sich z. B. in eine Welt hinein, in der noch alles in Ordnung ist. Wenn selbst diese Spaltung nicht hilft, ziehen sich manche vollständig ins Innere zurück und wirken nach außen wie erstarrt.
- Sehr schlimm für die Betroffenen sind Erinnerungen, die plötzlich wieder da sind, sogenannte Flashbacks: Meist werden sie von Schlüsselreizen (Triggern) ausgelöst, also von einer Sache, die irgendwie mit dem ursprünglichen Ereignis zu tun hat, z. B. einem Bild, Geruch, Wort, Klang, Datum oder einem Menschen mit Ähnlichkeiten zu einer Person, die bei dem Ereignis eine Rolle spielte. In besonders schlimmen Fällen erlebt der Betroffene das Ereignis noch einmal mit voller Wucht; man nennt das „Retraumatisierung". Sie kann sogar dazu führen, dass die Seele noch stärker zusammenbricht als unmittelbar nach dem ersten traumatischen Ereignis.

Man muss sich immer klarmachen: Wenn andere Menschen den Betroffenen einfach für „verrückt" halten und ablehnen, verschlimmern sie nur dessen Zustand. Ein Trauma ist keine seelische Krankheit, der Betroffene ist nicht „irre". Vielmehr liegt bei ihm ein extrem schlimmer seelischer Leidenszustand vor, genauer: ein Zustand von anhaltendem, extremem Dauerstress. Was für andere seltsam wirkt, ist in Wirklichkeit ein Versuch, mit der Krisensituation fertigzuwerden, der nur leider nicht zur Heilung führt.

Was hilft Menschen mit einem Trauma?

1. Lies den Text und fasse die wichtigsten Informationen in Form einer Mindmap zusammen.

Folgende Umstände können einem Menschen dabei helfen, ein Trauma zu überwinden:

- Der Traumatisierte erhält von seinem Umfeld Unterstützung und Verständnis, Mitmenschen wimmeln ihn also nicht mit Sätzen wie „Das wird schon wieder", „So schlimm war es auch nicht" oder „Da muss halt Gras drüber wachsen" ab. Sie vermeiden aber auch Überfürsorglichkeit. Diese ist z. B. gegeben, wenn Mitmenschen verallgemeinerte Ängste, die dazu führen, dass jemand nicht mehr aus dem Haus geht, dadurch verstärken, dass sie ihn schonen, alles für ihn erledigen usw. Menschen, die richtig helfen wollen, bemühen sich, den Betroffenen wieder zu einem normalen Leben zu verhelfen.
- Der Betroffene erhält die Möglichkeit, in einem geschützten Raum über die schlimmen Ereignisse zu sprechen (z. B. in einer Therapie mit einem Psychologen, dem er vertraut, oder mit einer fähigen Vertrauensperson, die auch bei starken Gefühlsausbrüchen richtig reagieren kann). Dadurch soll er in die Lage versetzt werden, die Geschehnisse zu verstehen und vielleicht sogar einen Sinn daraus abzuleiten (z. B. sich als Kriegsopfer künftig in politischen Gruppen für den Frieden einzusetzen). Wichtig ist aber, dem Betroffenen nicht das Gespräch darüber aufzudrängen, sondern ihn selbst das Tempo bestimmen zu lassen. Hilfreich kann auch die Verwendung kreativer Mittel sein, z. B. Malen oder Theaterspielen, aber immer nur als Übergangslösung. Letztlich muss der Betroffene in der Lage sein, über die Ereignisse zu reden und zu begreifen, dass sie abgeschlossen und vergangen sind. Dazu gehört auch die Bewältigung der Trauer, dass man seinerzeit nichts gegen die eigenen Gefühle tun konnte. Wer sich intensiv damit auseinandersetzt, stärkt darüber hinaus seine Fähigkeiten, künftige Krisen zu bewältigen. Insofern kann man bei Betroffenen, die ihr Trauma anhaltend überwunden haben, feststellen, dass sie überdurchschnittlich reif sind.
- Ziel der Bemühungen ist es auch, dass Betroffene so schnell wie möglich wieder ein ganz normales, alltägliches Leben mit allen Herausforderungen und Möglichkeiten führen können.
- In schweren Fällen sind Medikamente eine wichtige Zusatzhilfe.

Wie reagiert man am besten, wenn jemand gerade etwas besonders Schlimmes erlebt hat?

- Unmittelbar nach einem solchen Ereignis passiert es, dass Zeugen oder Betroffene regelrecht erstarren (sogenanntes Freezing = Gefrieren). In dem Moment darf man mit den Personen nicht über ihre Gefühle reden, sondern muss ganz nüchtern bleiben und z. B. feststellen, wie viel Uhr es ist, wo man gerade steht, welche Gegenstände man sieht usw. Über Gefühle zu reden könnte den Schockzustand verstärken, während die Nüchternheit den Betroffenen aus dem Schock herausholt.
- Traumatisierte Menschen darf man nicht alleinelassen, muss ihnen das Gefühl der Sicherheit geben und Hilfen bereitstellen, soll ihnen aber nichts aufdrängen (kein Gespräch, kein Gebet).
- Denn für diesen Moment wie für die nächste Zeit nach einem solchen Ereignis gilt das, was generell für das Trauern gilt: Jeder hat seine eigenen Wege. Der eine muss darüber reden, für den anderen wäre genau das eine Belastung, er muss stattdessen vielleicht aktiv etwas tun. Manche flüchten sich in Witze, andere in die Arbeit. Das bedeutet nicht, dass sie gefühllos sind, sondern nur, dass sie in diesem Moment nicht anders mit ihrer Trauer fertigwerden können. Also keine gegenseitigen Vorwürfe!

2. Wende die Informationen auf Alan an, um zu verstehen, wann er Erfolg hat und wann nicht. Notiere die wichtigsten Ergebnisse auf der Rückseite.

Wie lässt sich Naomis Zustand erklären?

Auslöser für Naomis Zustand:

Gründe für das starke Ausmaß:

Naomis Trauma

Wie hilft Alan dem Mädchen?

Naomis Symptome:

So stelle ich mir Freundschaft vor ...

1. Wie gehen wahre Freunde miteinander um? Was dürfen sie voneinander erwarten, was nicht? Notiere erst deine Antworten auf die Fragen, dann diskutiert in der Gruppe miteinander.

2. Was schafft Probleme in einer Freundschaft und wie können Freunde sie lösen? Schreibe deine Ergebnisse auf. Die Stichwörter helfen dir.

Einschränkung

Veränderung

Abschottung

„Beziehungsarbeit“

Schwächen des anderen

3. Worin zeigt sich Alans und Shauns Freundschaft? Was könnte zum Problem werden? Notiere die Ergebnisse auf der Rückseite und vergleiche sie mit dem, was ihr zuvor allgemein zum Thema Freundschaft erarbeitet habt.

Ein köstliches Geschenk?

1. Welche Merkmale einer Freundschaft machen die Zitate deutlich? Mach dir Notizen. Vergleicht eure Ergebnisse.

„Man mag drei- oder viertausend Menschen gekannt haben, man spricht aber immer nur von sechs oder sieben.“ *Elias Canetti*

„Wahre Freundschaft ist eine sehr langsam wachsende Pflanze.“ *George Washington*

„Der Freund ist einer, der alles von dir weiß und der dich trotzdem liebt.“ *Elbert Hubbard*

„Der beste Weg, einen Freund zu haben, ist der, selbst einer zu sein.“ *Ralph Waldo Emerson*

„Freundschaft ist nicht nur ein köstliches Geschenk, sondern auch eine dauernde Aufgabe.“ *Ernst Zacharias*

„Mit einem kritischen Freund an der Seite kommt man immer schneller vom Fleck.“ *Johann Wolfgang von Goethe*

„Einen sicheren Freund erkennt man in unsicherer Sache.“ *Marcus Tullius Cicero*

2. Wähle eines der folgenden Zitate aus und bereite eine kurze Rede vor, in der du dich mit der Aussage kritisch auseinandersetzt.

a) „Dasselbe wollen und dasselbe nicht wollen, das erst ist feste Freundschaft.“ *Gaius Crispus Sallust*

b) „Zwischen zwei wahre Freunde passt zu keiner Sekunde ein Blatt Papier. Und wenn nur eine Sekunde lang eines dazwischen passen würde, wären es keine wahren Freunde mehr.“ *Erich Wilhelm*

c) „Tiere sind die besten Freunde. Sie stellen keine Fragen und kritisieren nicht.“ *Mark Twain*

3. Worin zeigt sich Alans und Shauns Freundschaft? Was könnte zum Problem werden? Notiere die Ergebnisse auf der Rückseite und vergleiche sie mit dem, was ihr zuvor allgemein zum Thema Freundschaft erarbeitet habt.

13. bis 25. Kapitel: Mit Naomi, ohne Shaun

Inhalt

Über lange Strecken hinweg steht die Beziehung von Alan und Naomi im Vordergrund. Es scheint so, als ob es nur noch aufwärtsgehen würde, obwohl die Aufträge an Alan immer anspruchsvoller werden: Naomi soll mit Alan nicht mehr über Puppen, sondern direkt kommunizieren, und Alan soll sie dazu bringen, das Haus zu verlassen. Zwar klappt nicht alles sofort, aber Alan ist inzwischen so gereift, dass er auch schwierige Situationen rettet. Die beachtliche innere Entwicklung des Jungen ist ein zweiter thematischer Schwerpunkt dieses Romanteils. Sie mündet in einer stets wachsenden (platonischen) Liebe zu Naomi, wobei das Vertrauen gegenseitig wächst: Naomi redet zum ersten Mal offen über ihre Erlebnisse in Paris und ihre großen Selbstvorwürfe.

Der zweite Handlungsstrang – die Freundschaft mit Shaun – tritt lange in den Hintergrund, doch dann rückt sie machtvoll nach vorne: Shaun hat nämlich entdeckt, warum Alan inzwischen so wenig Zeit mit ihm verbringen kann. Er spricht Alan, der mit Naomi gerade von einem wunderschönen Ausflug zum Holmes-Flugfeld zurückkehrt, auf der Straße an, macht ihm gewaltige Vorwürfe und kündigt die Freundschaft wegen Alans mangelndem Vertrauen. Alan erkennt bestürzt die Richtigkeit der Anklagen.

13. Kapitel: Ein neuer Auftrag (S. 83–88)
Alan zieht sich in sein Zimmer zurück, voller Wut, aber auch erfüllt von Sorge, dass Naomi ihn beim Ballspielen und damit vor den Jungen ansprechen und blamieren könnte; er stellt sich sogar vor, sie dann mit dem Schläger zu bedrohen. Hin- und hergerissen zwischen Hass und Sympathie für sie gewinnt schließlich Letztere. Um sein Problem zu lösen, beschließt er, ihr beim nächsten Besuch klarzumachen, dass sie eben nur „geheime Freunde" (S. 84) sein könnten. In dem Moment kommt sein Vater und berichtet, dass Naomis Arzt zwar über Alans Erfolge erfreut sei, es aber als notwendig erachte, dass Naomi von der Puppe unabhängig und im nächsten Schritt wieder zu einer direkten Kommunikation fähig werde. Alan reagiert verzweifelt und wütend, aber sein Vater kann ihn überzeugen, auch mit einem Bild: Ein Leben mit der Puppe „ist kein Leben, das ist Tod. Das Ende einer Person." (S. 87)

14. Kapitel: Wieder ein Misserfolg (S. 88–95)
Alan kommuniziert beim nächsten Besuch zunächst wie üblich über die Puppe mit Naomi, wagt aber am Ende einen Vorstoß, indem er Silverman, seinen Nachnamen, als den Charlies ausgibt und nach dem Yvettes fragt. Doch Naomi steigt nicht ein, sodass Alan schließlich aufgibt. Abends kommt er auf eine Idee: Er will sich als Zauberkünstler verkleiden und so Naomis Aufmerksamkeit von Charlie weg auf sich lenken. Auch das misslingt allerdings, denn sie ignoriert Alan. Sein Vater rät ihm, nicht aufzugeben, und Alan hält sich daran. Er gibt sich beim Schulespielen als Direktor aus, der die Klasse überprüft, und lässt durch Charlie sagen, dass Yvette ihm direkt auf Fragen antworten solle. Sie jedoch weicht erneut aus, sodass Alan aufgibt und stattdessen mit ihr bzw. Yvette das Thema Geheimfreundschaft bespricht. Yvette ist mit der Regelung einverstanden, woraufhin Alan Naomi direkt fragt, ob auch sie zustimme. Sie reagiert panisch und flüchtet unter das Bett. Mit Charlies Hilfe will er sie hervorlocken, spricht sie aber wieder mit Naomi an. Sie antwortet nur damit, dass Naomi tot sei – und Alan gibt auf Anraten von Mrs Liebman und Mrs Kirschenbaum auf, nicht ohne sich größte Vorwürfe für sein vermeintliches Versagen zu machen.

15. Kapitel: Erholung im Kino mit Freunden (S. 95–100)
Die beiden Frauen, Mr Liebman und Alans Eltern haben in einer nächtlichen Sitzung beschlossen, dass beide Kinder einen Ruhetag bekommen. Alan soll zur Abwechslung mit den anderen Jungen auf Kosten seiner Mutter ins Kino gehen. Das tut er dann auch, und obwohl ihn anfangs immer noch Naomi beschäftigt, gefällt es ihm bald im Kreise Shauns und der anderen Jungen. Zwischen einigen Jungen und den vor ihnen sitzenden Mädchen kommt es zu Neckereien und Beschimpfungen. Ein Mädchen erinnert Alan an Naomi und er wünscht sich, sie unter den anderen dort sitzen zu sehen, stellt sich sogar vor, in ihr Haar zu greifen und wie sie ihn anlächelt. Spätestens hier wird deutlich, dass Naomi für Alan mehr bedeutet als eine normale Freundschaft unter Gleichaltrigen. Dabei wird ihm klar, dass er Naomi tatsächlich dazu bringen muss, direkt mit Menschen zu reden, und er fleht sogar darum, dass sie bald gesund werde. Weil Shaun die Neckereien zwischen den anderen Jungen und den Mädchen schließlich auf die Nerven gehen, will er sich woanders hinsetzen, sehr zum Unmut Alans, dem das Ganze gefällt, aber seinem Freund zuliebe stimmt er zu. Der Krieg und damit die Erinnerung an Naomi verfolgen ihn während der gezeigten Wochenschau. Doch schließlich genießt er den Hauptfilm, „Dick und Doof", weil er einfach einen Moment lang keine Aufgabe erfüllen muss.

16. Kapitel: Naomis erster Besuch in Alans Wohnung (S. 101–108)
Alan freut sich auf das Sonntagsfrühstück, während er Comics liest; in der anheimelnden Atmosphäre der elter-

lichen Wohnung ist der Krieg für ihn weit weg. Doch gleich denkt er wieder an Naomi, für die das eben nicht der Fall ist. Er wünscht sich so sehr, dass sie ihre Erlebnisse vergessen und mit ihm zusammen Comics anschauen könnte. Er fragt sogar seine Mutter, sehr zu deren Verwunderung, ob es nicht möglich sei, Naomi zu adoptieren, oder ob sie wenigstens, wenn es ihr besser gehe, zum Frühstücken kommen könne. Zu seiner Überraschung erfährt er, dass das Mädchen sie tatsächlich nach dem Essen für eine halbe Stunde besuchen werde. Er ärgert sich, nicht in eine solche Entscheidung eingebunden worden zu sein, und sein Vater gibt ihm recht. Als Naomi kommt, ist sie zwar sehr verängstigt, hat aber Yvette nicht mitgenommen. Nachdem sie sich vorsichtig umgeschaut hat, setzt sie sich auf den Boden und zerreißt wie früher ein mitgebrachtes Blatt. Alan versucht die ganze Zeit über, sie mit Scherzen aufzuheitern, und spricht sie dabei immer mit ihrem echten Namen an. Trickreich hat er schließlich Erfolg, indem er so tut, als könne er nicht richtig französisch zählen. Naomi korrigiert ihn und es entsteht ein wechselseitiges Witzemachen ohne Einsatz der Puppen. Alan wundert sich zwar, wieso er erfolgreich gewesen ist, genießt aber den Sieg.

17. Kapitel: Alan bei Verwandten, aber in Gedanken bei Naomi (S. 108–111)
Die Familie Silverman besucht einen Onkel und eine Tante. Die beiden sorgen sich um ihre Söhne, die im Krieg kämpfen. Um der bedrückten Stimmung zu entkommen, bittet Alan, alleine in den benachbarten Central Park gehen zu dürfen. Als er dort an einen Platz kommt, an dem er früher immer in der Fantasie Indianer hinter Felsen lauern sah, oder sich anderswo vorstellt, wie er mit Shaun oder vielleicht sogar Naomi über Bänke läuft, wischt er die Gedanken weg und stellt überrascht fest, wie er erwachsener wird: „Komisch, er fühlte sich älter, wenn er allein war." (S. 110) Er beobachtet, dass nur einzelne Menschen hier sind, die einsam wirken, wie auch er sich fühlt, doch das bringt ihn wieder auf Naomi und deren Alleinsein. Er fragt sich, ob sie sich wohl auch Gedanken über ihn macht, und kommt zu dem Schluss, dass es schön wäre, wenn sie es täte. Obwohl er glaubt, darauf nie eine Antwort zu bekommen, verringert sich sein Einsamkeitsgefühl.

18. Kapitel: Alans wachsende Gefühle für Naomi (S. 111–114)
Erneut besucht Naomi Alan in seiner Wohnung und inspiziert zunächst wieder sorgfältig das Wohnzimmer, lässt sich dann aber von Alan überreden, mit in sein Zimmer zu kommen und sich die Spielzeuge zeigen zu lassen. Dabei beharrt er auf der Verwendung ihrer Vornamen. Als er ihr ein Modellflugzeug schenkt, will sie es zunächst nicht haben, dankt ihm dann jedoch – und spricht zum ersten Mal Alans Namen aus. Als Naomi nach weiteren Spielen beim Abschied winkt und ihn so anlächelt, wie er es sich im Kino vorgestellt hat, merkt er: „Ich habe sie gern … Wahnsinnig gern." (S. 114)

19. Kapitel: Naomis wachsende Selbstsicherheit (S. 114–120)
Bei den folgenden Besuchen sagt Naomi zwar fast nichts, berührt aber nach der Ankunft auch immer weniger Gegenstände, verzichtet also auf ein Sicherheit gebendes Ritual. Sie spielen und Naomi lernt nebenbei schnell Feinheiten der neuen Sprache. Das ist die Überleitung zum nächsten Schritt ihrer Rehabilitation. Denn am folgenden Tag bestellt Mrs Landley, Alans Englisch- und Klassenlehrerin, ihn zu einem Gespräch nach Schulende ein. Shaun begleitet ihn und in ihrer kurzen Unterhaltung wird deutlich, dass sich Shaun über Alans Geheimniskrämerei ärgert; er würde nämlich, so betont er, jedes Geheimnis mit Alan teilen. Mrs Landley leitet das Gespräch mit einigen Bemerkungen zu Shauns und Alans Fehlern in den sonst sehr guten Aufsätzen ein und schickt Shaun dann weg. Sie lobt Alan für seine bisherige Arbeit mit Naomi – obwohl er (vordergründig) gar kein Lob haben will – und gibt ihm einige Schulbücher, die er mit Naomi durcharbeiten soll, damit diese möglichst bald den Unterricht besuchen kann. Auf dem Rückweg schwelgt er in den lobenden Sätzen der Lehrerin, vor allem der Aussage, er sei stark.

20. Kapitel: Alans Fähigkeit, Naomi bei einer Luftschutzübung zu beruhigen (S. 121–126)
Alan büffelt mit Naomi, die unglaublich schnell lernt. Eines Tages werden sie dabei von einer Luftschutzübung unterbrochen. Die Sirenen bewirken bei Naomi einen Panikanfall, sodass sie unter das Bett flüchtet. Im Gegensatz zu den hereineilenden Erwachsenen schafft Alan es mit einer verrückten Geschichte über Glühbirnen fressende Ungeheuer, die Verdunkelung für Naomi erträglich zu machen und sie zum Lachen zu bringen. Nach der Entwarnung blödeln sie weiter, erkennen dabei aber auch die Stärken des anderen. Naomi durchschaut unter Bezug auf ein Geschichtsbuch, das sie liest, die Intoleranz der (in der US-Historie ja so hochgepriesenen) Puritaner und damit auch „das ganze Geschwafel, all die großen Worte" (S. 126), was Alan größten Respekt abnötigt.

21. Kapitel: Alans nächster Auftrag (S. 126–133)
Es ist Ende Oktober. Alan möchte beim Schlagball wenigstens einen Treffer erzielen, „um die Schlagball-Saison

mit Anstand zu beenden" (S. 127). Doch er trifft nicht, abgelenkt von einer abfälligen Bemerkung seines Hintermannes Larry, die sich auf Naomi bezieht, welche eben mit ihrer Mutter vorübergeht. Alan und Naomi grüßen sich nur heimlich und der Junge ärgert sich so sehr über seine Feigheit vor den anderen, dass er Larry scharf wegen der Beleidigung Naomis zurechtweist. Zu seiner eigenen Überraschung akzeptiert der andere das und Alan kann nicht glauben, dass jemand vor ihm Angst hat. Er geht deshalb voller Stolz nach Hause, wo schon die nächste Aufgabe auf ihn wartet: Er soll mit Naomi außerhalb des Hauses spazieren gehen oder spielen. Zur Verwunderung seiner Mutter ist er sofort einverstanden. Während er ein Modellflugzeug repariert, wird ihm klar, wie sich alles verändert hat: Noch vor einigen Wochen hätte er sich strikt geweigert, sich mit Naomi sehen zu lassen, „[j]etzt wünschte er es fast herbei. Er könnte ihr alles Mögliche zeigen und sie irgendwie beschützen und beraten." (S. 131) Alan kommt auf die Idee, mit ihr das Holmes-Flugfeld zu besuchen und mit den Modellflugzeugen zu spielen. Er setzt das auch bei den Erwachsenen durch, die wegen der weiten Entfernung große Bedenken haben. Zurück in seinem Zimmer ist er euphorisch und bezieht Naomi in seine Größenfantasien mit ein: „ALAN SILVERMAN, WELTBERÜHMTER PILOT, BEENDETE DIE LETZTE ETAPPE SEINES REKORDFLUGS RINGS-UM-DIE-WELT MIT SEINER VERLOBTEN NAOMI AN SEINER SEITE!" (S. 133)

22. Kapitel: Alans und Naomis glücklicher Ausflug auf das Fluggelände (S. 133 – 143)

Alans zunehmende Reife zeigt sich auch darin, dass er seiner Mutter gegenüber zunehmend widerspenstiger wird, wenn er sich im Recht fühlt. Als Naomi bei ihnen klingelt, um mit Alan zum Flugfeld zu gehen, ist der Junge zunächst schockiert über ihre kindliche Kleidung. Doch er fasst sich und macht sich mit ihr auf den Weg. Er hofft, dass Shaun sie nicht sieht – man merkt, dass seine Selbstsicherheit noch Schwankungen unterliegt. Er bringt Naomi dazu, das Haus zu verlassen, obwohl sie erst zurückschreckt. Vorsichtig bleibt sie während des ganzen Weges in seiner Nähe. Im Schaufenster eines Spielwarengeschäfts betrachten sie eine Modellbahnanlage, was offenbar in Naomi schlimme Erinnerungen erweckt. Sie will darüber aber nicht reden und so gehen sie weiter. Am Ziel hat Naomi all ihre Angst verloren und sie genießen einen wunderschönen Nachmittag mit ihren Modellflugzeugen. Naomi nennt das gelbe Flugzeug, während es durch die Luft saust, *„oiseau jaune"*, also „gelber Vogel" (S. 139). Nebenbei kommen sie auch auf Shaun zu sprechen und Alan erfährt, dass Naomi dessen beleidigende Worte („Irre Ida") durchaus gehört hat, ihr dies aber nichts ausmache, da sie ja irre sei. Alan widerspricht und lenkt ab, denn er möchte wissen, was sie in ihrer Papiertasche mitträgt. Sie fordert ihn auf, die Augen zu schließen, und überrascht ihn mit einem Picknick. Im Gespräch erzählt Naomi, dass sie als Kind mit Freunden oft Picknick gespielt habe, und fragt, ob diese noch leben würden. Alan erkennt klug, dass er sie einfach nur reden lassen muss, um nichts zu provozieren.

23. Kapitel: Naomis Erinnerungen und Schuldgefühle (S. 143 – 146)

Tatsächlich wird Naomi jetzt von ihren Erinnerungen eingeholt und es drängt sie, Alan ihre Sicht der Ereignisse darzustellen – vor allem ihre Schuldgefühle, die sich darin äußern, dass sie nicht die Nazis als Mörder ihres Vaters bezeichnet, sondern sich selbst. Alan versteht nicht und sie erklärt es ihm: Ihr Vater hat die Pläne von der Kanalisation erstellt, die die Résistance-Kämpfer brauchen. Als diese die Gestapo angreifen, entdeckt die Nazi-Polizei den Urheber der Pläne und rückt an. Der Vater befiehlt Naomi und seiner Frau verzweifelt, bei ihnen zu Hause lagernde Pläne zu zerreißen und in der Toilette hinunterzuspülen. Sie reißen, ihre Fingernägel brechen, die Hände bluten, Naomi isst sogar Pläne, aber sie schaffen es nicht. Als die Nazis an die Tür schlagen, stößt der Vater Naomi noch unters Bett, die dann mitansehen muss, wie er niedergeschlagen und getötet wird. Als die Nazis weg sind, kriecht sie heraus, aber ihr Vater kann nur noch ihren Namen flüstern, bevor er stirbt. Alan legt ihr die Hand auf den Kopf, spricht in Gedanken einen alten jüdischen Segensspruch für sie und beruhigt Naomi, indem er betont, dass er sie beschützen werde und sie jederzeit zu ihm kommen könne. Damit verzichtet er auch auf das Geheimhalten ihrer Freundschaft.

24. Kapitel: Begegnung mit dem gekränkten Shaun (S. 146 – 151)

Auf dem Weg nach Hause fällt Alan erneut ein, dass er ein Mädchen wie Naomi schon einmal gesehen zu haben glaubt, und erinnert sich, woher das Bild stammt: Bei einer Wochenschau im Kino sah er den Abtransport von Juden durch die Nazis. Ein Mädchen blickte für einen Moment direkt in die Kamera und ähnelte Naomi sehr. Er hätte ihr damals so gerne geholfen. Auch wenn er sich bewusst ist, dass es sich um jemand anderen im weit entfernten Warschau handelte, war es für ihn doch auch Naomi. „Denn es schien, als könnte auch alles hier geschehen, im New Yorker Stadtteil Queens" (S. 147) – ein Gedanke, der die späteren Ereignisse des Romans vorwegnimmt. Alan beginnt Naomi und ihren Vater als Helden zu verstehen und zu bewundern. Als ein Streifenwagen mit Sirenengeheul vorbeifährt und Naomi verängstigt reagiert, nimmt er ihre Hand. Er hält sie noch lange und beginnt, sie nach vorne und hinten zu schwingen, bis Naomi wieder so gelöst ist wie vor der Erinnerung an ihre Geschichte. Schließlich spielen sie bester Laune weiter mit dem Modellflugzeug auf der Straße, als Alan plötzlich Shaun entdeckt, der ihnen offenbar schon länger gefolgt ist und nun in einer kurzen Begegnung Alan als „Schisser" (S. 150) beschimpft. Dieser ist wütend, aber nicht wegen der Beleidigung, sondern weil Shaun „manchmal so großartig sein konnte. So ein toller Kerl. Und manchmal so unheimlich dämlich wie eben jetzt." (S. 151)

25. Kapitel: Misslingender Versöhnungsversuch mit Shaun (S. 151 – 156)

Alan möchte die Sache mit Shaun klären, begegnet ihm aber beim Verlassen des Hauses nicht. Auf dem Schulweg entdeckt er ihn schließlich und spricht ihn an. Der will zunächst überhaupt nicht mit ihm reden, bis er Alan endlich eine Minute gibt, die Hintergründe zu erklären. Doch Shaun interessieren Alans Ausführungen nicht, er bezeichnet ihn sogar als „Arschloch" (S. 154) und rückt mit dem eigentlichen Vorwurf heraus: Alan hätte ihm das alles als Freund schon viel früher erzählen müssen, so aber habe er ihn belogen. Alans Einwand, er habe nur auf Shauns „Schisser"-Vorwurf und die abfälligen Bemerkungen über Naomi reagiert, lässt Shaun nicht gelten. Für ihn ist Alans Verhalten Zeichen mangelnden Vertrauens – und Beweis, dass Alan ihn nicht als echten Freund betrachte. Alan erkennt, dass der Vorwurf berechtigt ist, möchte sich entschuldigen, aber Shaun ist zu gekränkt und geht. Alan macht sich furchtbare Vorwürfe, denn er erfasst auch, dass ihn Shaun wegen Naomi niemals wirklich beschimpft hätte – ja dass Shaun „an Alans Stelle Naomi genauso gut geholfen" hätte (S. 156).

Unterrichtsschwerpunkte

- Alans innere Entwicklung
- Erwachsenwerden und Erwachsensein
- Verantwortung
- Sprachbetrachtung: Vergleiche und Metaphern

Zum Aufbau der Unterrichtseinheit

Die Dynamik von Alans Fortschritten in Bezug auf Naomi, von ihrer wachsenden inneren Beziehung und von Alans Reifeprozess scheint unaufhaltbar, selbst als dieser Teil des Buches mit einem Paukenschlag endet: Shauns Kündigung der Freundschaft mit Alan. Dass darauf ein noch schlimmeres Ende folgt, nämlich Naomis irreparable Traumatisierung, ist an dieser Stelle nicht absehbar.

Zentrale Themen, die im letzten Buchabschnitt nicht bzw. kaum mehr akzentuiert werden, können bereits jetzt behandelt werden. Aus Sicht des Autors und des amerikanischen Publikums stehen vor allem die Bereiche „Erwachsensein" und „Verantwortung" im Vordergrund. Der dritte Teil des Buches bietet Gelegenheit, sich damit auseinanderzusetzen. Übrigens ist hier auch der Unterschied in der Rezeption interessant. Ein deutsches Publikum etwa dürfte den historischen Hintergründen eine herausragende Bedeutung zumessen, während diese für viele andere Leser nur den Rahmen bilden.

Weil es sich um einen sehr langen Abschnitt handelt, kommt der Sicherung des inhaltlichen Verständnisses eine größere Rolle zu. Hier ein Vorschlag für den Aufbau der Unterrichtseinheit:

- 10. Stunde – Sicherung des inhaltlichen Verständnisses: Einstiegsfrage nach dem Zusammenhang von Buchtitel und gelesenem Teil des Buches, Darstellung des Handlungsablaufs auf einer Plakatwand (Hinweise unter „Gesprächs- und Schreibanlässe", S. 45); Hausaufgabe: Überlegungen zu einer Darstellung von Alans innerer Entwicklung als Standbild
- 11. Stunde – Alans innere Entwicklung: Als Einstieg eignet sich die Erarbeitung eines Standbilds (Hinweise unter „Kreativ aktiv", S. 45 f.); Textarbeit zu Alans Veränderungen sowie zu seinen Problemen mit Erwachsenen (KV „Mehr als ein Schlagballspieler", S. 48 und Hinweise auf S. 37; KV „Vom Kind zum reifen Jugendlichen", S. 49 und Hinweise auf S. 37 ff.); Hausaufgabe: Sammeln typischer Sprüche von Eltern (vgl. Hinweise auf S. 46)
- 12. Stunde – Erwachsenwerden und Erwachsensein: Einstieg mit Karikatur; kreative Auseinandersetzung mit dem Thema (Hinweise unter „Kreativ aktiv", S. 46 f.)
- 13. Stunde (ggf. + 1 Stunde) – Verantwortung: aktuelles Ereignis zum Thema Verantwortungsübernahme als Einstieg; Auseinandersetzung mit dem Thema in der 7. / 8. Klasse mithilfe der KV „Wofür bin ich schon verantwortlich?" (S. 50, Hinweise auf S. 38 und 40), in der 9. / 10. Klasse mithilfe der KV „VerANTWORTung" (S. 51, Hinweise auf S. 40 f.) und dort evtl. Ergänzung um KV „So ein Dilemma …" (S. 52, Hinweise auf S. 41)
- 14. Stunde – bildliches Sprechen: als Einstieg evtl. KV „Vergleichspuzzle" (S. 53, Hinweise auf S. 41); vertiefte

Auseinandersetzung mithilfe der KV „In Bildern sprechen“ (S. 54, Hinweise auf S. 41 ff.); Hausaufgabe: Lektüre des vierten Teils (S. 156–191)

Zu den Kopiervorlagen

KV Seite 48

Mehr als ein Schlagballspieler

Diese und die folgende Kopiervorlage sind Hilfsmittel, um Alans rasante Reifung vom ängstlich-frühpubertären zum selbstbewussten Jungen, die bis zum Ende des dritten Teils weitgehend abgeschlossen ist, sowie die Gründe hierfür gezielt herauszuarbeiten.

Ausgangspunkt für die Bearbeitung des Blattes ist eine Stelle, die gerade für jüngere Schüler schwer verständlich sein dürfte: die Aussage des Vaters, dass Alan für ihn

mehr als ein Schlagballspieler sei und er seinem Sohn zur Entwicklung dieses Selbst verhelfen möchte (S. 60). Hier zeigt sich, dass seine Eltern in Alan weitaus mehr sehen, als der Junge, der von tiefen Selbstzweifeln geplagt wird, es selbst tut. Es empfiehlt sich, die Auseinandersetzung mit dieser schwierigen Aussage im Plenum durchzuführen, vor allem bei jüngeren Schülern. Achten Sie darauf, dass die zum Ausdruck gebrachte Abwertung von Sportlern nicht zum Spott gegenüber sportlich aktiven Klassenkameraden missbraucht wird.

Im Anschluss sollen die Eigenschaften Alans herausgearbeitet werden, die seine Erfolge im Umgang mit Naomi begründen. Die Bearbeitung der Aufgaben 2 und 3 kann in einem Wechsel von Partner- bzw. Kleingruppenarbeit und Ergebnissicherung im Plenum erfolgen.

Lösung

Aufgabe 1:
Alans Vater drückt mit dieser Aussage seine Hochachtung vor seinem Sohn aus, den er als „Person“ und „Mensch mit Seele“ sieht, also als Wesen mit umfassenden Fähigkeiten und moralischen Qualitäten – im Gegensatz zum (groben) Schlagballspieler. Mit dem ersten Satz möchte Mr Silverman sagen, dass er seinen Sohn dazu bringen will, seine wahre Persönlichkeit zu erkennen und auszuprägen.

Aufgabe 2:
Die Zitate bezeugen Alans Einfühlungsvermögen, Sorge für Schwächere und damit seine moralischen Qualitäten: sein Handeln nach dem Prinzip der Nächstenliebe sowie sein Bewusstsein, dass ein Engagement für Naomi auch deshalb vonnöten ist, weil die schrecklichen Verfolgungen, wie sie sich in Europa abspielen, auch jederzeit in den USA passieren könnten. Das Ende des letzten Zitats ist im Übrigen zugleich eine Vorausdeutung auf den Romanausgang.

Aufgabe 3:
Zwei Eigenschaften stechen heraus: seine Kreativität und sein unglaubliches Durchhaltevermögen. Sein Ideenreichtum zeigt sich schon bei seiner ersten Aktion, als er die Handpuppe Charlie einsetzt, um über den Hof mit Naomi Kontakt aufzunehmen (vgl. 3. Kapitel). Auch wenn er immer wieder Rückschläge erleidet, gibt er doch nicht auf.

Vom Kind zum reifen Jugendlichen

Mit der vorherigen Kopiervorlage wurden die Eigenschaften Alans gesammelt, die seinen Erfolg bei Naomi begründen. Nun geht es darum, pointiert herauszuarbeiten, wie sich Alan verändert. Einen kreativen Einstiegsvorschlag (Standbild) finden Sie unter „Kreativ aktiv“ auf S. 45 f.

Zunächst wird Alans Entwicklung durch einen Vergleich zwischen dem Anfang des Romans und den Kapiteln 24 und 25 festgehalten, und zwar anhand von vier Kriterien: seiner Einstellung zu a) Shaun und Gleichaltrigen, b) Mädchen im Allgemeinen, c) Naomi im Besonderen und d) sich selbst. Eine solche pointierte Gegenüberstellung verdeutlicht die innere Reifung. Dabei können Sie auf die Figurencharakteristik aus dem ersten Teil der Lektürebesprechung zurückgreifen (siehe KV „Alan – ein ganz normaler Junge“, S. 15 und Hinweise auf S. 8). Mit jüngeren Schülern sollte man die Aufgabe im Klassenverband bearbeiten, um sicherzustellen, dass sie vor allem Alans Reaktion auf Shauns Vorwürfe (25. Kapitel) richtig einordnen. Bei genügend Zeit kann man noch die folgenden Zwischenschritte von Alans Entwicklung thematisieren:

- Alans Umgang mit Gleichaltrigen in Bezug auf seine Beziehung zu Naomi: Ein erster Hauch von Offenheit zeigt sich, als er Shaun bittet, Naomi nicht als „Irre Ida“ zu bezeichnen, damit andere es nicht nachahmen (vgl. S. 68), auch wenn er noch nicht offen zugibt, in welcher Beziehung er zu dem Mädchen steht. Bei der Begegnung mit Naomi auf der Treppe verleugnet er sie noch (vgl.

S. 82 f.), obwohl er sie als Freundin betrachtet (vgl. S. 83). Er stellt sich sogar vor, sie in dem Fall, dass sie sich ihm wieder nähert, mit einem Schläger zu bedrohen (vgl. S. 84), wird sich aber schnell seiner freundschaftlichen Gefühle bewusst und kommt auf die Idee, mittels einer „Geheimfreundschaft“ (ebd.) alle Beziehungen unter einen Hut zu bringen. Bald verteidigt er sie schon so erfolgreich gegen einen spöttelnden Jungen, dass ihn seine eigene Wirksamkeit überrascht (vgl. S. 128 f.).

- Etappen seiner Beziehung zu Naomi: Die Beziehung wandelt sich schrittweise von anfänglicher Ablehnung (allerdings auch aus der Verzweiflung heraus, dass er so lange erfolglos ist) zu immer größerer Nähe: Er sagt Naomi durch Charlies Mund, dass er sie gern habe (vgl. S. 70), und betrachtet sie als Freund (vgl. S. 71, 83 und 84). Das Zusammensein mit ihr macht ihm jetzt sogar Spaß (vgl. S. 77). Während des Kinobesuchs mit den anderen Jungen denkt er nicht nur an sie (vgl. S. 96 und 98), sondern wünscht sich, dass sie vor ihm säße und er mit ihrem Haar spielen könnte (vgl. S. 99). Schnell vertieft sich das Gefühl: „Ich habe sie gern … Wahnsinnig gern.“ (S. 114) Als sie während eines Schlagballspiels auf der Straße vorbeikommt, fürchtet er erst, dass sie sich nähert, dann aber stellt er fest: „Warum sollte sie nicht? Sie war genauso gut wie die anderen. Sie war besser.“ (S. 128) In seinem letzten Tagtraum bezeichnet er sie als seine (zukünftige) Verlobte (vgl. S. 133).

- Alans innere Reifung im Spiegel seiner Fantasien und Tagträume: Am Anfang stehen die für dieses Alter typischen Helden- und Größenfantasien. Doch als er im 17. Kapitel den Park besucht, in dem er früher Indianer hinter Felsen kauern sah, wischt er die Bilder weg: „[…] er war zu alt für diese Art von Fantastereien. Hör auf mit dem Quatsch, sagte er sich.“ (S. 109) Nachdem er sich mit seinem Vorschlag, mit Naomi zum Flugfeld zu gehen, gegen die Erwachsenen durchgesetzt hat, taucht der letzte Tagtraum auf (S. 133). In ihm spielt zum einen die veränderte Beziehung zu Naomi eine Rolle (er bezeichnet sie dort als Verlobte). Zum anderen tritt zwar ein Rest von Heldenvorstellung auf (Alan als „weltberühmter Pilot“), diese wird aber sofort ironisch gebrochen, indem er von einer „gekonnten Bruchlandung“ spricht und den „Bericht und Fotos“ dazu auf „Seite 17“ der fiktiven Zeitung, also ziemlich weit hinten, platziert.

Alans Entwicklung zeigt sich gerade auch an seinen Reaktionen auf die elterlichen Aufträge. Darum geht es bei Aufgabe 2, die in Partnerarbeit oder Kleingruppen bewältigt werden kann. Bei jüngeren und leistungsschwächeren Schülern müssen Sie unter Umständen kleinschrittig vorgehen und nach jedem Einzelschritt das Ergebnis im Plenum sichern. Mithilfe von Aufgabe 3 wird die offenkundige Entwicklung knapp zusammengefasst.

Lösung

Aufgaben 1 und 2:
Die Lösungen finden Sie auf S. 39.

Aufgabe 3:
Alan übernimmt von Mal zu Mal die Aufträge schneller, äußert weniger Widerspruch und Bedenken. Denn er wird immer selbstbewusster: teils durch die Erfolge, teils durch die wachsende innere Verbundenheit mit Naomi und das Wissen um seine Verantwortung.

Wofür bin ich schon verantwortlich?
Der Titel der Kopiervorlage arbeitet bewusst mit einer Doppeldeutigkeit, die sich abhängig von der Betonung ergibt: Die des Wortes „ich“ sagt aus, dass ein Kind oder Jugendlicher oft glaubt, noch für nichts verantwortlich zu sein, die des Wortes „schon“ regt dazu an, sich mit den bereits vorhandenen Verantwortungsbereichen zu beschäftigen.

Eine Einstiegsmöglichkeit besteht darin, nur die Überschrift an die Tafel zu projizieren und die Schüler aufzufordern, den Satz in verschiedener Weise zu betonen und den damit verbundenen Bedeutungsunterschieden nachzugehen. Die andere Methode, die Stunde zu beginnen, ist das Aufgreifen eines aktuellen Vorfalls, in dessen Zusammenhang die Frage nach der Verantwortung aufkommt (z. B. nach einem Flugzeugabsturz oder – eher für ältere Schüler relevant – nach dem Rücktritt eines Politikers); die Projektion eines Zeitungsausschnitts oder das Einspielen eines TV-Berichts kann diesen Vorfall „ins Klassenzimmer bringen“.

Die Beschäftigung mit der eigenen Verantwortung setzt voraus, sich mit der Bedeutung des Begriffs „Verantwortung“ zu befassen. Die Kopiervorlage strukturiert den gesamten Prozess daher in drei Schritte:

- Ausgangspunkt sind typische Redewendungen.
- Die Definition des Begriffs erfolgt mithilfe von Text-Puzzleteilen. Dieser Teil ist anspruchsvoll und es kann

Einstellung zu …	Beginn des Romans	24./25. Kapitel
Shaun und Gleichaltrigen	Shaun ist ihm am wichtigsten, weil er von anderen Gleichaltrigen abgelehnt wird.	Er ist traurig über den Verlust der Freundschaft, es zerstört ihn aber nicht, auch als der Versuch einer Klärung des Konflikts mit Shaun misslingt (vgl. S. 151 ff.). Zugleich sieht er kritisch Shauns Schwächen (vgl. S. 151).
Mädchen	Er lehnt Mädchen ab (vgl. S. 19 und 23), aber letztlich nur deshalb, weil er Angst hat, als „Schisser“ zu gelten (vgl. S. 32 f.).	Er weist den „Schisser“-Vorwurf Shauns zurück, weil er weiß, dass er nicht feige ist (vgl. S. 150).
Naomi	Er hält sie für verrückt (vgl. S. 17 und 19), aber seine Reaktion bei der ersten Begegnung zeigt, dass seine Empathie die sonst ja denkbare brüske Abweisung verhindert (vgl. S. 13 f.).	Er sieht sie als „tolles Mädchen“ (S. 153) und sagt das auch offen zu Shaun (vgl. ebd.).
sich selbst	Er hält sich für ein „Nichts“ (S. 61); denkt, er sei allenfalls ein guter Schüler, was aber nichts bedeutet, oder einer, der Bücher lesen kann, deren Helden er aber nie erreicht (vgl. ebd.). Er steigert sich so weit hinein, dass er sich fragt, ob er nicht selbst verrückt oder sogar ein Mädchen sei (vgl. ebd.).	Er kennt seinen Wert und betont seine Selbstbestimmung (vgl. S. 150), sieht aber auch selbstkritisch seinen Fehler im Umgang mit Shaun ein (vgl. S. 155 f.; vgl. auch S. 67, wo er sich Shaun gegenüber schon wie ein Lügner vorkommt).

Auftrag	Begründungen der Eltern	Alans Reaktion
1. Auftrag: sich um Naomi kümmern (S. 19–29)	• Alan wird als Gleichaltriger gebraucht (vgl. S. 19) • seltene Momente im Leben, in denen man gefordert ist, über sich selbst hinauszuwachsen, und Gott sich an einen wendet (vgl. S. 21) • Alans Glück (vgl. S. 21); gemeint ist: dass er in Sicherheit lebt (vgl. S. 23)	• erst Ablehnung und Abwehr (vgl. S. 19 ff.), dann Bereitschaft zum Nachdenken (vgl. S. 22) • Einfühlung in Naomi und Wissen, dass es auch ihm so hätte gehen können (vgl. S. 23 f.) • nach der nächtlichen Begegnung von Fenster zu Fenster weiß er, dass er gebraucht wird (vgl. S. 28)
2. Auftrag: am Abend noch zu Naomi gehen (S. 59–61)	• Erinnerung an seine Pflicht • Absicht des Vaters, ihn dazu zu bringen, seine wahre Persönlichkeit zu entwickeln (vgl. S. 60)	• tiefste Selbstzweifel (vgl. S. 61) • aufgrund des Erfolgs bei Naomi Wiedererstehen von Selbstwertgefühl (vgl. S. 63)
3. Auftrag: Naomi ohne Puppe zum Sprechen bringen (S. 85–88, S. 98)	• Notwendigkeit, dass Naomi direkt kommuniziert und in die „Welt der Wirklichkeit“ (S. 87) zurückkehrt • jetziger Zustand auf Dauer nicht lebenswert (vgl. ebd.)	• „Gefühl hilfloser Verzweiflung“ (S. 86) und ärgerliche Abwehr, Artikulation seiner Sorge vor einem Fehlschlag (vgl. S. 86 f.), aber recht schnell Einverständnis (vgl. S. 88) • Erkenntnis der Wichtigkeit des Auftrags nach Beobachtung eines Mädchens im Kino (vgl. S. 98)
4. Auftrag: sich mit Naomi in Alans Wohnung treffen (S. 103 f.)	• Verlassen des eigenen Zimmers tut Naomi gut (vgl. S. 103)	• Ärger über fehlenden Einbezug Alans in Entscheidungen (vgl. S. 103) • ansonsten aber sofortiges Einverständnis trotz gewisser Sorgen, was er tun soll (vgl. S. 104)
5. Auftrag: sich mit Naomi außerhalb des Hauses aufhalten (S. 130–133)	• Notwendigkeit, dass Naomi das Haus ohne die Mutter verlässt (vgl. S. 130)	• sofortiges Einverständnis (vgl. S. 130)

nötig werden, dass Sie lenkend eingreifen; evtl. ist die Erarbeitung in einem Unterrichtsgespräch zielführender als das Vorschalten einer Gruppenarbeitsphase.

- In der dritten Phase übertragen die Schüler die Ergebnisse auf das eigene Leben. Hier wurde bewusst auf die Angabe einer bestimmten Methode der Ergebnisdokumentation verzichtet. Denkbar sind das Erstellen von Plakaten oder die Entwicklung einer Spielszene, eines Comics oder einer Kurzgeschichte; dabei kann durchaus auch eingearbeitet werden, dass die Verantwortungsübernahme nicht immer leicht fällt oder mit Beschwernissen verbunden ist. Je nach Methode werden Sie unter Umständen mehr Zeit einkalkulieren müssen. Wichtig ist nicht ein auf Vollständigkeit bedachter Katalog von Aufgaben, für die ein Jugendlicher verantwortlich ist, sondern die Intensität der Auseinandersetzung mit exemplarischen Situationen.

Lösung

Aufgabe 1:

Die Sätze akzentuieren in unterschiedlicher Weise Aspekte des Verantwortungsbegriffs, wie er im Rahmen der zweiten Aufgabe definiert wird. Sollten Schüler nachfragen, was Verantwortung mit dem Wort „Antwort" zu tun hat, erklären Sie die Herkunft des Begriffs aus dem Rechtsbereich (eine Antwort auf eine Anklage geben).

Aufgabe 2:

Die Ergebnisse stehen auf der KV „VerANTWORTung" (S. 51) im zweiten und dritten Absatz.

Aufgabe 3:

individuelle Lösung

VerANTWORTung

Diese Kopiervorlage ist zum Einsatz bei älteren Schülern gedacht und verknüpft die Lektürearbeit zunächst mit dem Trainieren der Entnahme von Informationen aus einem Sachtext; damit ist die Methode deduktiv. Falls Sie einen induktiven Ansatz zum Einstieg präferieren, können Sie die erste Aufgabe der vorherigen KV „Wofür bin ich schon verantwortlich?" an die Tafel projizieren.

Lösung

Aufgabe 1:

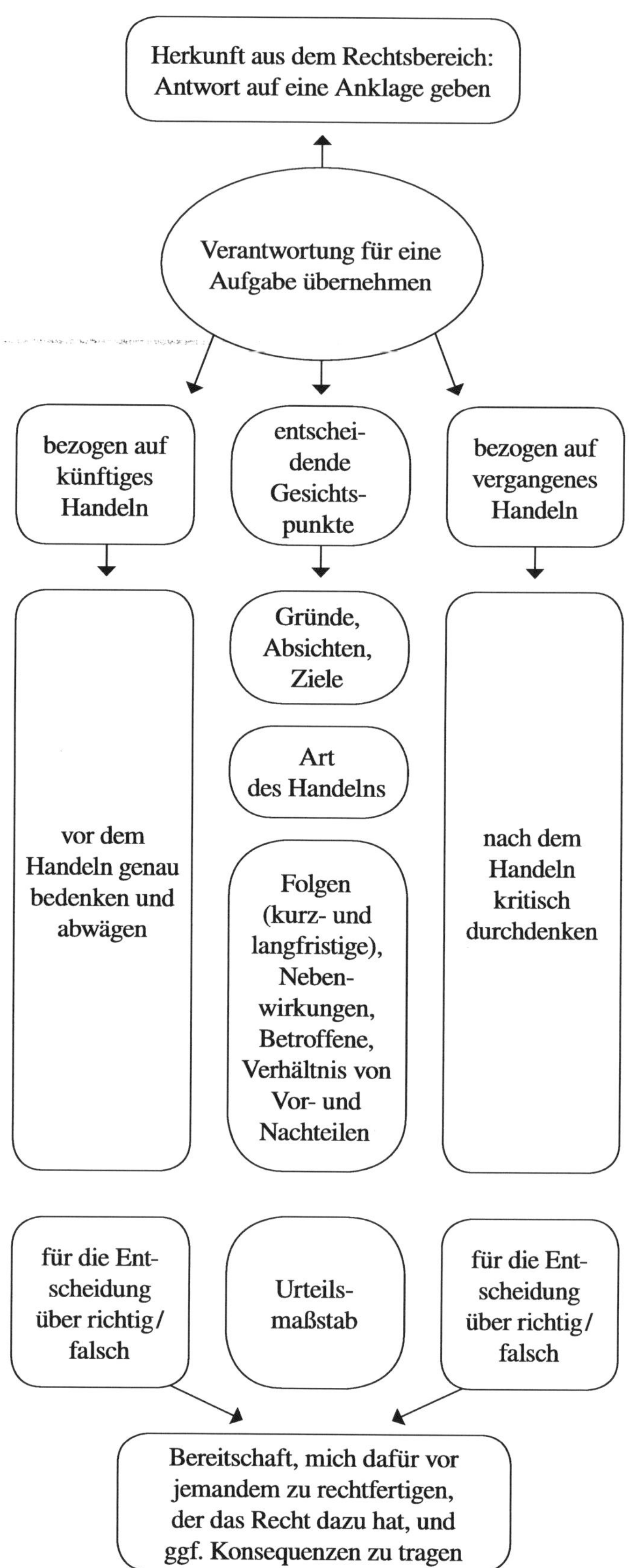

Aufgabe 2:
Voraussetzungen für Verantwortungsübernahme:

- Fähigkeit, über das Handeln frei zu entscheiden
- Fähigkeit, die Folgen des eigenen Handelns abzusehen

Gründe für die Befreiung von Verantwortung:

- innere Umstände, die die eigene Zurechnungsfähigkeit und somit die Willens- und Handlungsfreiheit begrenzen, z. B. Geisteskrankheit, Medikamenteneinfluss
- äußere Umstände, die die eigene Willens- und Handlungsfreiheit begrenzen, z. B. Nötigung, Zwang
- Umstände, die die Fähigkeit der Folgenabschätzung begrenzen, ohne dass Unzurechnungsfähigkeit im eigentlichen Sinne vorliegt, z. B. geistige Begrenztheit, jugendliches Alter

Aufgabe 3:
Mögliche Gründe:

- Leben in einer Gemeinschaft, die ohne Verantwortungsübernahme nicht funktioniert
- Pflicht zur Übernahme von Verantwortung, wenn jemand Fähigkeiten besitzt, sodass er bei einer bestimmten Aufgabe durch niemanden ersetzbar ist (vgl. Alan, der als einziger Gleichaltriger zur Verfügung steht, im Unterschied zu anderen Gleichaltrigen über die nötige Sensibilität und Kreativität verfügt und schließlich für Naomi eine Nähe herstellen kann, wie es Erwachsene nicht vermögen; vgl. Alans Einsicht, dass er helfen müsse, weil Naomi ihn brauche, S. 28)
- Glück, in Sicherheit zu leben und jemandem helfen zu können (Argumente von Alans Vater): Verantwortungsübernahme als Ausdruck von Dankbarkeit gegenüber einem freundlichen Schicksal
- Verantwortung und goldene Regel: Wenn ich etwas tun kann, von dem ich mir wünsche, dass es ein anderer mir gegenüber auch tut/tun würde, muss ich es tun.
- Verantwortung und Freiheit: Der Mensch ist ein Wesen, das zu freiem Handeln fähig ist. Freiheit ohne Bereitschaft zur Verantwortungsübernahme aber würde zum Egoismus verkommen – und letztlich einem selbst schaden.

KV Seite 52

So ein Dilemma …

Die Kopiervorlage richtet sich an ältere Schüler und enthält Situationen, in denen es um Verantwortung geht und die einen Bezug zum Leben der Schüler haben. Der Arbeitsauftrag verknüpft die Lektürebesprechung integrativ mit dem Üben weiterer Kompetenzen: dem Argumentieren, dem Halten einer Rede und dem Debattieren. Entscheidend ist, dass die Schüler möglichst viele Aspekte berücksichtigen. Das erste Beispiel soll deutlich machen, dass Verantwortungsübernahme nicht mit einem Komplettverzicht auf individuelle Interessen gleichzusetzen ist, vor allem wenn es um Liebe geht. Aber der Grat zwischen legitimer Betonung eigener Interessen und Berücksichtigung derer von anderen Menschen ist schmal, wie die weiteren Beispiele zeigen.

KV Seite 53

Vergleichspuzzle

Die Qualität des Romans macht nicht nur die inhaltliche Gestaltung aus, sondern auch die sprachliche, wodurch er sich angenehm von der modernen Massenware im Jugendbuchbereich unterscheidet. Dazu gehören auch Vergleiche und Metaphern, die Levoy an wichtigen Stellen einsetzt. Diese und die folgende Kopiervorlage widmen sich diesen sprachlichen Stilmitteln.

Die KV „Vergleichspuzzle" bietet sich als Einstieg vor allem bei jüngeren und leistungsschwächeren Schülern an. Sie bekommen unvollständige Sätze und Vergleichsausdrücke und sollen Letztere richtig zuordnen. Bei den Beispielen wird es ggf. nötig sein, vor der Bearbeitung den Kontext einer Stelle mit den Schülern zu klären.

Lösung

1. „Es musste sie sehr bewegt haben, ihre Augen glänzten wie frisch gewaschene Kiesel." (S. 55)
2. „Aber sie war so schwer zu fassen und zu halten wie ein Tröpfchen Quecksilber." (S. 63)
3. „Der Wind war wie ein lebendes Wesen, ein freundlicher Riese, der mit den Flugzeugen spielte, mal rauer, mal sanfter." (S. 65)
4. „Alan fühlte seine Kopfhaut eiskalt werden, sie spannte sich wie elektrisch aufgeladen." (S. 71)
5. „In seinem Kopf tönten Signale durcheinander wie in einem wild gewordenen Radio." (S. 93)
6. „Dann begann eine Luftschutzübung. Die Sirenen heulten auf wie verwundete Riesen in der Schlacht." (S. 122)
7. „In ganz New York erloschen die Scheinwerfer, Schaufensterbeleuchtungen und Straßenlaternen wie Sternschnuppen." (S. 122)
8. „Alan setzte sein Flugzeug ab und öffnete die Tür, aber sie blieb stehen. Verängstigt sah sie auf die Straße, als wäre da ein Fluss, in den sie von hoch oben springen müsste." (S. 135)

In Bildern sprechen

Die Kopiervorlage befasst sich mit metaphorischem Sprechen. Sollten die Schüler sich noch nie mit Vergleichen, Metaphern und anderen bildlichen Ausdrucksweisen beschäftigt haben, ist es empfehlenswert, eine diesbezügliche Unterrichtsstunde mit einfachen Beispielen vorzuschalten, denn die Stellen aus der Lektüre sind durchaus anspruchsvoll. Falls parallel zur Lektüre eine erzählende Aufsatzform für eine Klassenarbeit vorbereitet wird, bietet sich eine Verknüpfung der Sprachbetrachtung in der Lektüre mit Übungen zum erzählerischen Ausdruck an. In höheren Klassen kann das in der Kopiervorlage behandelte Thema vertieft werden, indem die Schüler trainieren, Vergleiche, Metaphern und Personifikationen präzise zu bestimmen. Dazu steht auf S. 43 eine Liste, die alle markanten metaphorischen Textstellen in den ersten drei Teilen des Buches mit einer Bestimmungsangabe zum Stilmittel enthält.

Zum didaktischen Aufbau der Kopiervorlage: Aufgabe 1 soll über einen Vergleich sachlich-nüchterner Wendungen mit der bildlichen Ausdrucksweise Levoys die Erkenntnis vermitteln, dass Vergleiche und Metaphern einen deutlichen semantischen Mehrwert in sich tragen, der sich einer einfachen, kurzen „Übersetzung" entzieht. Schülern hilft bei der Auseinandersetzung mit metaphorischen Ausdrücken häufig die Frage: Warum steht hier X und nicht Y? Weshalb steht z. B. beim ersten Beispiel nicht nur „Netz", sondern „riesiges Fischernetz"? In Aufgabe 2 wird die Erkenntnis aus Aufgabe 1 vertieft, indem die Schüler die Bedeutung von konkreten Vergleichen bzw. Metaphern erläutern sollen.

Sich bildlich passend auszudrücken ist eine Kunst. Ein falsch gesetztes Wort lässt Vergleiche oder Metaphern schräg, unpassend oder unverständlich werden. Damit beschäftigen sich die Schüler in Aufgabe 3, indem sie je drei Varianten einer Stelle im Buch genauer untersuchen. Mit diesen Einsichten gewappnet, dürfen die Schüler im vierten Schritt selbst produktiv werden.

Lösung

Aufgabe 1:

a) Die Metapher drückt die emotionale Komponente von Alans Erkenntnis mehr aus als die sachliche Variante: das Bedrohungsgefühl (in dem Bild ist er ja implizit der Fisch) und das in seiner Sicht gewaltige Ausmaß der Ausweglosigkeit (im Rahmen einer Correctio wird aus dem „Netz" ein „riesiges Fischernetz").

b) Auch hier wird metaphorisch die subjektive Wahrnehmung und Bedeutung des Wetters weitaus mehr hervorgehoben. Es spiegelt Alans Freude darüber wider, dass das von seiner Mutter kurz zuvor ins Feld geführte Argument, er könne angesichts des Regens ohnehin nicht ins Freie und so eben auch bei Naomi sein (vgl. S. 56), nicht mehr zählt und er seine gedankliche Replik („Aber wartet nur, wenn die Sonne scheint. Wartet nur.", S. 57), die unmittelbar vor der Wetterbeschreibung steht, realisieren kann. So wie die Sonne leuchtet, ist auch Alan zumute, weil er jetzt endlich wieder mit den Jungen Schlagball spielen kann.

c) Der Vergleich mit Schlangen fügt der Aussage eine aggressiv-gefährliche Komponente hinzu, die Alans emotionaler Situation entspricht und auf der folgenden Seite 61 noch deutlicher wird. Das Bild des Korbes betont, wie Alan seine Gefühle einschließt; doch ist ein Korb auch leicht zu öffnen bzw. kann, wenn er umfällt, den Inhalt nach außen ergießen, so wie auch Alan lernt, nicht alles mit sich selbst auszumachen und Gefühle zu äußern. Fragen Sie die Schüler, warum nach ihrer Meinung nicht nur von einem Knäuel Schlangen, sondern auch von einem Korb die Rede ist.

Aufgabe 2:

a) Naomis eingeschlossenes wahres Ich ist kaum zugänglich. Der Vergleich betont das dadurch, dass Quecksilber, obschon es sich eigentlich um ein Metall handelt, ebenfalls schwer zu fassen ist. Dass von einem „Tröpfchen", nicht einem Tropfen oder gar einem Eimer (also einer großen Menge) die Rede ist, betont darüber hinaus, wie klein Naomis Personkern ist.

b) „Signale" eines „wild gewordenen Radio[s]" sind grell und nicht auszuhalten, übertönen jeden Gedanken, versetzen den Hörer in Spannung und Unruhe und verhindern jede andere Aktivität, sodass er diese Geräuschkulisse schnell beseitigen will. Dieser Zustand entspricht genau dem Alans, als er versucht, durch direkte Anrede und Nennen von Naomis Namen das Mädchen zur Kommunikation ohne Puppen zu bewegen, und nun ihre Panikreaktion erlebt. Alan muss sofort etwas unternehmen, ohne genau zu wissen, was. Formulierungen wie „Alan geriet in Panik", „Alan war ganz durcheinander" oder „Alan wusste gar nicht, was er tun sollte" betonen viel zu wenig das Ausmaß von Alans innerer Aufgewühltheit, der Vergleich hingegen ist dazu in der Lage.

c) Auch hier verdeutlicht die Metapher die Gefühlsintensität, d. h. Alans euphorischen Zustand nach Mrs Landleys Lob und positiven Aussagen über den Jungen, der sich sonst notorisch minderwertig fühlt. Ein bloßes „Er war so glücklich darüber" macht auch eine emotionale Nuance nicht deutlich, die durch „tanzen" ausgedrückt wird: das Beschwingte eines solchen Zustands.

Sammlung von bildlichen Ausdrücken aus „Der gelbe Vogel“

Thema	Beispiele	Bestimmung
Freude	„Es musste sie sehr bewegt haben, ihre Augen glänzten wie frisch gewaschene Kiesel.“ (S. 55)	Vergleich
	„Ist wie laufen barfuß in nasse Gras, so gut.“ (S. 78)	Vergleich
	„Der Gedanke stieg in ihm hoch wie eine Welle, die auf den Schwimmer am Strand zurollt. Ich habe Naomi Kirschenbaum gern.“ (S. 114)	Vergleich
Stolz	„Am Ende hatte er es doch richtig gemacht. Zur Abwechslung war ihm einmal ein Ziellauf über sämtliche Male gelungen.“ (S. 73)	Metapher
	„[…] seine Gedanken tanzten auf der Höhe der Baumkronen.“ (S. 120)	Metapher und Personifikation
Angst	Naomi starrte auf den Schläger, der auf dem Boden rollte, „als sei er eine Pythonschlange, die sich zum Zustoßen aufgerichtet hatte.“ (S. 13)	Metapher
	„Das blanke Entsetzen darin schnitt wie mit dünnen Messern Schatten aus dem Dunkel und füllte die Treppe mit Dämonen, so wie das metallische Kreischen der Flurtür vorhin.“ (S. 14)	Metapher mit integrierten Vergleichen u. Personifikationen
	„Alan fühlte seine Kopfhaut eiskalt werden, sie spannte sich wie elektrisch aufgeladen.“ (S. 71)	Vergleich
	„In seinem Kopf tönten Signale durcheinander wie in einem wild gewordenen Radio.“ (S. 93)	Vergleich und Personifikation
	„Alan […] öffnete die Tür, aber sie blieb stehen. Verängstigt sah sie auf die Straße, als wäre da ein Fluss, in den sie von hoch oben springen müsste.“ (S. 135)	Vergleich
Wut	„In seinem Kopf schwärmten die Gedanken wie zornige Bienen.“ (S. 94)	Vergleich
Sonstige Gefühle / Gedanken	„Alan spürte, wie sich ein Netz, ein riesiges Fischernetz, auf ihn herabsenkte […].“ (S. 19)	Metapher
	„Aber sie war so schwer zu fassen und zu halten wie ein Tröpfchen Quecksilber.“ (S. 63)	Vergleich
	„Er würde jetzt dauernd vor ihr weglaufen müssen, als hätte sie Scharlach oder die Pocken.“ (S. 83 f.)	Vergleich
	„Alan nahm ein paar Bissen zu sich, aber in seiner Brust wogten alle möglichen Empfindungen durcheinander wie verknäuelte Schlangen in einem Korb. Er konnte nicht weiteressen.“ (S. 60)	Vergleich
Wetter	„Alan erinnerte sich an den gleichen Regen bei der Beerdigung seiner Großmutter, als sich die schwarzen Schirme damals zu einem großen Trauerzelt über dem Grab aneinandergedrängt hatten.“ (S. 56)	Metapher und Personifikation
	„Am Donnerstagmorgen riss der schwere graue Himmel auf wie nasses Papier, und ausgezackte Blaustreifen wurden sichtbar. Gegen Mittag leuchtete die Sonne wie eine weit offene Blume mit tausend Blütenblättern aus Licht.“ (S. 57)	Vergleiche
	„Der Wind war wie ein lebendes Wesen, ein freundlicher Riese, der mit den Flugzeugen spielte, mal rauer, mal sanfter.“ (S. 65)	Vergleich und Personifikation
Sonstiges	„Die unermüdlichen gelben und roten Maschinen hatten sich mit dröhnenden Motoren umkreist wie wütende Tiger.“ (S. 64)	Vergleich
	„Dann begann eine Luftschutzübung. Die Sirenen heulten auf wie verwundete Riesen in der Schlacht.“ (S. 122)	Vergleich
	„In ganz New York erloschen die Scheinwerfer, Schaufensterbeleuchtungen und Straßenlaternen wie Sternschnuppen.“ (S. 122)	Vergleich
	„Die Piper flog in weitem Bogen hoch, genau in die Sonne. Naomi folgte ihr […]. Sie rief hinauf: ‚Ho, gelber Vogel! Warte auf mich! Ho, *oiseau jaune*!‘“ (S. 139)	Metapher und Personifikation

Aufgabe 3:
Diese Beispiele stammen von Levoy und finden sich auf den folgenden Buchseiten: a) erste Version, S. 14; b) zweite Version, S. 94; c) dritte Version, S. 55.

a) Die Unterschiede liegen bei dem als Vergleich gewählten Gegenstand (Messer, Beil, Schere) und dem Ausdruck bzw. Bild für die entstehende bedrohliche Stimmung (Dämonen, Tiger, Gefahr). Für die Analyse der ersten Reihe ist es nötig, sich den Ausgangspunkt klarzumachen: nämlich das Entsetzen (ein extremer Alarmzustand), das durch den Schrei eines Mädchens artikuliert wird; so etwas klingt schrill und scharf.
Ein Beil ist ein schwerer, harter Gegenstand, der ein dunkles Geräusch verursacht und daher nicht passt. Eine Schere wiederum wird weniger mit Entsetzen, Tod und Gefahr assoziiert, sondern als Gebrauchsgegenstand gesehen. Der Ausdruck „Gefahr" ist zu nüchtern, ungeeignet, die Dimension von Entsetzen auszudrücken; zudem passen die Teile des Bildkomplexes nicht mehr richtig zusammen, denn das vorher aufgebaute Szenario (ausgeschnittene Schatten) findet keine Fortsetzung. „Tiger" sind zwar bedrohlich, aber dass aus etwas Abstraktem wie ausgeschnittenen Schatten etwas so Konkretes wie ein Tier wird, passt nicht – ganz im Gegensatz zu Levoys Formulierung „Dämonen".

b) Der erste Vergleich bringt durch die Bankräuber etwas in Alans Denken ein, das nicht passt: das aggressiv-kriminelle, böse Element. Alan macht sich größte Selbstvorwürfe, weil sein Versuch, sie zu direkter Kommunikation zu bewegen, nicht nur misslungen ist, sondern bei Naomi eine panische Reaktion und die Aussage über sich selbst provoziert hat: „Sie ist tot … sie ist tot … tot." (S. 94) Wut ist da, aber nicht die eines „bösen" Menschen. Das Zornige wiederum fehlt in der dritten Variante, das Bild sagt nur, dass in seinem Kopf ein Durcheinander vieler Gedanken ist. Levoys Version bringt das Richtige zum Ausdruck, nuanciert aber noch etwas: Bienen werden nur wütend, wenn man sie angreift, sind an sich harmlose Tiere (deshalb würde auch ein Vergleich mit Wespen oder Hornissen nicht so gut passen – weniger aus biologischer Sicht als im Hinblick auf die Assoziationen mit diesen Insekten) und zudem sehr nützlich. Auch Alans Gedanken sind an sich harmlos, gut, nützlich, jetzt aber ist er im Alarmzustand.

c) Am „Honigkuchenpferd" der ersten Version stört vor allem die fehlende Passung zwischen glänzenden Augen und dem Vergleichsobjekt. Der Begriff ist uns aus einer anderen, hier unangemessenen Redewendung („grinsen/strahlen wie ein Honigkuchenpferd") mehr als geläufig. Sicher werden Schüler, die eine Eins schreiben, sich sehr freuen und ihre Arbeit mit glänzenden Augen betrachten, doch passt der Vergleich aus zwei Gründen nicht: Zum einen geht es um das Glück zweier Erwachsener, zum anderen würde ein solcher Anlass einfach nicht zu der Dimension des Glücksempfindens von Naomis Mutter und Mrs Liebman passen: Immerhin ist es Alan eben gelungen, Naomi zum ersten Mal (wenn auch über ihr Alter Ego Yvette) zum Sprechen mit einem Nichtfamilienmitglied zu bringen. Es geht nicht um ein alltägliches oder kulturelles Glück, sondern ein existenzielles, deshalb ist ein Naturbild geeigneter. Auch Gold könnte natürlich glänzen, zum einen fehlt dann aber das Element der Feuchtigkeit, zum anderen wird mit ihm ganz anderes konnotiert: Macht, Reichtum usw. Der Kiesel hingegen ist etwas sehr Einfaches, viel besser zu dem Anlass passend. Und auch hier steckt noch etwas Zusätzliches in dem Sprachbild: Wenn man einen Kiesel im trockenen und nassen Zustand vergleicht, ist der Unterschied gewaltig. Dass die Augen von Naomis Bezugspersonen vor dem Ereignis so grau und stumpf wie ein trockener Kiesel ausgesehen haben, kann man sich gut vorstellen, während ein frisch gewaschener wahrlich glänzt. An dieser Stelle können Sie die Bedeutung auch anschaulich vorführen, wenn Sie Kieselsteine mitnehmen und die Schüler das Aussehen in trockenem und feuchtem Zustand beschreiben lassen.

Aufgabe 4:
Hier können keine Musterlösungen vorgegeben werden, aber einige Hinweise zur Bearbeitung der Aufgabe: Mit kreativen Schülerlösungen muss man natürlich immer vorsichtig-wertschätzend umgehen. Prüfen Sie dennoch wie bei Aufgabe 3 (oder lassen sie es die Schüler in der Kleingruppe besprechen), ob der Vergleich passt. Clevere Schüler werden versuchen, die Stellen im Buch zu finden und Levoys Lösung zu bringen; in diesem Fall sollten Sie erklären lassen, warum die Formulierung des Autors gelungen ist. Beim ersten Beispiel können Sie die Schüler auch auffordern, als Vergleichspunkt Krankheiten zu bringen, die in unserem Bewusstsein dieselbe bedrohliche Qualität haben, aber bekannter sind (z. B. Ebola). Das zweite Beispiel verdeutlicht, dass die Übernahme z. B. des Vergleichs „wie zornige Bienen" (siehe Aufgabe 3) nicht passt, weil Kriegsflugzeuge eben nicht mit harmlosen Insekten vergleichbar sind, die nur angreifen, wenn sie bedroht werden.

Die Stellen im Roman lauten: a) „Er würde jetzt dauernd vor ihr weglaufen müssen, als hätte sie Scharlach oder die Pocken." (S. 83 f.) – b) „Die unermüdlichen gelben und roten Maschinen hatten sich mit dröhnenden Motoren umkreist wie wütende Tiger." (S. 64)

Gesprächs- und Schreibanlässe

Sicherung des inhaltlichen Verständnisses

Eine Einstiegsfrage nach dem Zusammenhang von Buchtitel und dem dritten Teil des Buches erlaubt einen Rückgriff auf die erste Stunde der Lektürebesprechung und löst das dort offengebliebene Rätsel des Titels „Der gelbe Vogel". Er steht für einen der größten Momente von Glück und Freiheit, die Naomi im Rahmen ihrer Genesung erfährt: als sie zum ersten Mal ohne Mutter, dafür mit Alan das Haus verlässt und auf dem Flughafen begeistert dem Flug des gelben Modellflugzeugs (*„oiseau jaune"*, S. 139) folgt. Als Überleitung zur systematischen Inhaltssicherung bietet sich die Frage danach an, wie es zu diesem Fortschritt kam.

Eine Abwechslung zu einem Unterrichtsgespräch über den Inhalt der Kapitel stellt eine arbeitsteilige Gruppenarbeit dar. Die 13 Kapitel werden auf etwa je zwei Schüler verteilt. Stichpunktartig sollen sie die wesentlichen Ereignisse des Kapitels notieren. In der zweiten Runde bilden je drei Gruppen eine Schreibkonferenz und überarbeiten ihre Fassungen. Für den Schlussteil braucht man eine freie Wandfläche: Den Anfangspunkt der Entwicklung von Alans und Naomis Annäherung setzt man links unten. Einen weiteren Punkt für die Beschreibung der Freundschaft zu Shaun setzt man mit einigem Abstand darüber. Eine Gruppe nach der anderen stellt ihr Ergebnis vor und begründet kurz, ob in „ihrem" Kapitel eine Auf- oder Abwärtsentwicklung stattfindet. Gegen Ende wird anhand der beiden Kurven allen klar sein, dass der Preis, den Alan für die Fortschritte in der Beziehung zu Naomi bezahlen muss, in der Entfremdung von Shaun besteht.

Diese Einstiegsstunde lässt sich noch kreativ aufwerten, wenn Sie zusammen mit dem Leseauftrag für den dritten Teil die Kapitel auf Schülerpaare verteilen und sie beauftragen, ein Bild zu malen, das einen wesentlichen Moment des Kapitels festhält. Eine solche produktive Art der Auseinandersetzung gefällt vor allem jüngeren Schülern. Die Bilder werden in der oben beschriebenen Schlussrunde zusammen mit der Inhaltszusammenfassung an der Wand befestigt.

Für den Fall, dass im Rahmen der Aufsatzarbeit das schriftliche Zusammenfassen von Texten bzw. die Inhaltsangabe behandelt wird, ist für die Einstiegsstunde als Variante denkbar, dass die Schülerpaare zur Übung statt einer stichpunktartigen Zusammenfassung einen geschlossenen Text verfassen, der dann in den erwähnten Schreibkonferenzen überarbeitet wird. In diesem Fall müssen Sie allerdings eine Doppelstunde einkalkulieren.

Kreativ aktiv

Ein Standbild bauen

Die Schüler sollen mithilfe eines Standbilds Alans Situation am Anfang des Romans mit derjenigen nach dem dritten Abschnitt vergleichen. Zur Vorbereitung überlegen sie sich bereits als Hausaufgabe, wie man die jeweilige Situation darstellen könnte (vgl. „Zum Aufbau der Unterrichtseinheit", S. 36). Für den Einstieg in die Stunde empfiehlt es sich, Kleingruppen mit je vier Schülern zu bilden; die eine Hälfte bereitet in einer eher knapp bemessenen Zeit Alans Situation am Anfang des Buches vor, die andere Hälfte diejenige nach dem dritten Abschnitt. Jede Gruppe wählt einen Regisseur, der das Standbild baut. Die übrigen drei Schüler verkörpern Alan, Naomi und Shaun.

Die Unterschiede zwischen dem Anfangs- und dem Endbild müssen in der räumlichen Nähe / Distanz, Zu- und Abwendungen, der Körperhaltung Alans zum Ausdruck seines Selbstbewusstseins sowie in Mimik und Gestik aller drei Figuren zum Ausdruck kommen. Als Variante

können sich drei Schüler hinter die Figuren stellen und für sie sprechen. Da der kreative Auftrag ohne analytische Überlegungen zu Alans Entwicklung nicht erfüllt werden kann, bereiten die Gespräche der Schüler darüber bereits den Hauptteil der Stunde vor: Anhand der Kopiervorlagen „Mehr als ein Schlagballspieler" (S. 48, Hinweise auf S. 37) und „Vom Kind zum reifen Jugendlichen" (S. 49, Hinweise auf S. 37 ff.) folgt eine genaue Analyse von Alans Entwicklung.

Sollten die technischen Möglichkeiten im Klassenzimmer gegeben sein (Beamer und PC), können Sie die Standbilder fotografieren, um am Ende der Stunde, also nach der textanalytischen Arbeit mit den Schülern, zu prüfen, welche Aspekte bei welchem Standbild besonders gut zum Ausdruck kommen.

Noch eine grundsätzliche Anmerkung: Standbilder sind eine schöne Methode zur Veranschaulichung, die allerdings in stark pubertierenden Klassen wenig sinnvoll ist. Schüler scheuen sich in diesem Entwicklungsabschnitt, sich körperlich vor Gleichaltrigen zur Schau zu stellen. In diesem Fall sollten Sie auf die Methode verzichten, da die Ergebnisse von Verkrampfung und Widerstand bestimmt sind.

Erwachsenwerden – Erwachsensein

Ausgehend von Alan als „Modell der Reifung" sollte man den Text im Leben der Schüler verankern, indem man eine Stunde darauf verwendet, dass die Jugendlichen sich mit ihren Vorstellungen vom Erwachsensein und dem Weg dorthin beschäftigen. Methodisch sind verschiedene Varianten denkbar. Hier wird ein kreativer Zugang vorgeschlagen, der auch im Rahmen eines Projekts zusammen mit dem Fach Musik umgesetzt werden kann.

Ausgangspunkt sind aus Sicht der Jugendlichen typische Sprüche von Erwachsenen zum Thema Erwachsenwerden/Erwachsensein; Sie können diese bereits in der Vorstunde als Hausaufgabe sammeln lassen (vgl. „Zum Aufbau der Unterrichtseinheit", S. 36). In einer ersten Phase sollen die Schüler aus den Sätzen einen Rap schreiben und vortragen. In der zweiten Phase verfassen sie einen „Gegen-Rap": Auf jeden Satz, den sie in der ersten Phase verwendet haben, lassen sie einen Kommentar folgen, der sich positiv oder kritisch damit auseinandersetzt.

Die Methode zwingt mehr als bloße Diskussionen oder Plakatarbeit zur pointierten Formulierung von Problemen, Wünschen und Bedürfnissen und macht erfahrungsgemäß viel Spaß. Wägen Sie ab, inwieweit Sie während der Erarbeitung in die Gruppenprozesse inhaltlich eingreifen, z. B. falls Schüler sich in unrealistische Vorstellungen vom Leben als Erwachsener verrennen. Zu starke Eingriffe können die kreative Produktivität jedoch einschränken. Es ist unter Umständen sinnvoller, nach der Präsentation der Ergebnisse Zeit für eine Diskussion einzuräumen.

Empfehlenswert ist die Dokumentation der Ergebnisse, idealerweise in Form eines Videoclips, der in einem geschlossenen Internetraum (z. B. über MEBIS) hochgeladen wird. Die Texte können auch auf Plakaten im Klassenzimmer aufgehängt werden.

Sich stark machen, indem man seine Stärken sieht

Ein wichtiges Ergebnis bei der Betrachtung von Alans Entwicklung ist, dass er zwar zunächst immer wieder seine Insuffizienzgefühle mühsam überwinden muss, allerdings mit dem Wissen um seine Fähigkeiten das Selbstbewusstsein so wächst, dass er wiederum neue Erfolge erzielt – ein positiver Kreislauf. Eine Möglichkeit, diese Beobachtung in das Leben der Schüler zu transferieren, besteht darin, sie eine Liste ihrer Stärken erstellen zu lassen. So können sie ihre Wahrnehmung erweitern: weg von der Fixierung auf Schwächen, die in unserer westlichen, vom christlichen Demutsideal geprägten Kultur typisch ist, hin zur bewussten Wahrnehmung der eigenen Stärken und Tugenden. Sicher gibt es Schüler, die vor Selbstbewusstsein zu strotzen scheinen oder sogar zur Selbstüberschätzung neigen, aber nicht selten ist das nur Fassade. Die Mehrzahl pubertierender Jugendlicher ist eher von Unsicherheit geprägt.

Der Vorschlag wird womöglich zunächst auf Widerstand stoßen; der erste Einwand ist meist der Verweis auf das Sprichwort „Eigenlob stinkt". Das tut es aber nur, wenn man die eigenen Stärken in angeberischer Absicht darstellt und verbreitet. Machen Sie den Schülern klar, dass hier die Selbstreflexion im Vordergrund steht – und dass deshalb auch das Blatt beim Schüler verbleibt und nicht von Ihnen oder Mitschülern eingesehen wird. Ermutigen Sie außerdem die Schüler, die nonverbal (selten verbal) signalisieren, dass sie sich gar nicht vorstellen können, so viele positive Punkte an sich zu finden. Hilfreich im Sinne des Modelllernens ist es, wenn Sie vorher für sich selbst eine solche Liste angelegt haben und den Schülern berichten, wie Sie mit Schwierigkeiten umgegangen sind. Entscheidend ist nicht, dass man sofort die zehn oder mehr positiven Punkte findet, sondern dass man beginnt, sich nicht nur als defizitär zu erleben. Falls die Suche ins Stocken gerät, kann man auch überlegen, was andere an einem schätzen. Hier ein Vorschlag zur Einführung der Aufgabe:

- Einleitende Worte: „Den meisten Menschen fällt viel ein, wenn man sie nach ihren Schwächen fragt, denn wir sind es gewohnt, eher auf das Negative zu achten. Über die eigenen Fähigkeiten und starken Seiten nachzudenken oder sie gar zu äußern, gilt deshalb oft als ‚stinkendes Eigenlob'. Das ist es aber nur, wenn wirklich Angeberei das Ziel ist. Willst du dich allerdings stark machen, um z. B. schwierige Situationen zu meistern oder selbstbewusst gegenüber anderen aufzutreten, musst du deine Stärken kennen. Denke an Alan: Je mehr er sich seiner Fähigkeiten bewusst wurde, desto wirksamer konnte er Naomi helfen."

- Aufgabenstellung: „Notiere auf einem schönen Blatt (nur das passt dazu) mindestens zehn Fähigkeiten, Stärken oder positive Eigenschaften von dir. Wenn dir eine Stärke einfällt, du aber den Eindruck hast, sie sei verglichen zu jemand anderem nichts Besonderes, notiere sie trotzdem. Sie ist ja immer noch eine deiner Stärken! Viele tun sich bei dieser Übung schwer, aber das macht nichts; entscheidend ist, dass du einfach einmal anfängst, das Positive an dir zu sehen. Ein kleiner Trick ist noch: Denke daran, was Freunde oder Freundinnen an dir schätzen. Und ganz wichtig ist: Dieses Blatt bleibt bei dir und wird von niemandem kontrolliert oder angeschaut."

Verweisen Sie bei der Besprechung erneut auf die Vertraulichkeit des Blattinhalts und unterbinden Sie jede Blödelei. Beispielsweise gibt es Schüler, die andere zwingen wollen, ihnen das Blatt zu zeigen, oder die, wenn sie bei einem Mitschüler einen Punkt gelesen haben, laut herumtönen, dass dieser gar nicht gegeben sei. Bei einer Besprechung darf der Fokus nicht auf den Ergebnissen liegen, sondern darauf, wie es jedem bei der Übung gegangen ist und wie er/sie sich nach der Beschäftigung mit seinen/ihren Stärken fühlt. Empfehlenswert sind Kleingruppengespräche, weil sich so mehr Schüler trauen, etwas zu sagen. Wenn Sie diese Methode einsetzen, kann es passieren, dass Schüler mit starken Selbstwertproblemen, die keine oder fast keine positiven Eigenschaften an sich sehen, Ihnen ihr Herz ausschütten. Hier sind Sie als einfühlsamer Pädagoge gefragt.

Eine Erweiterung der Übung besteht darin, dass die Schüler einander in Partnerarbeit mitteilen, was sie am anderen besonders schätzen. Auf die dabei gemachten Erfahrungen kann man in der vierten Lektüreeinheit zurückgreifen, wenn es um Rollenstereotype und Jungensprache geht. Denn an Alan und Shaun sieht man, wie schwer sich Jungen tun, in persönlicher Weise miteinander zu reden.

Positiv-Tagebuch

Parallel zum vorherigen Vorschlag können die Schüler im Sinne einer Wahrnehmungsdifferenzierung auch ein Tagebuch verfassen, in dem sie nicht die schlechten Erlebnisse eines Tages notieren, sondern positive – und seien es nur Kleinigkeiten (z. B. der freundliche Blick eines Mitschülers während der Pause). Dabei ist der Weg das Ziel: Nicht die Menge und Intensität der positiven Ereignisse sind entscheidend, sondern der Versuch, sich von einem einseitig negativen Blick zu lösen. Um Widerstände zu vermeiden, sollten Sie ein solches Positiv-Tagebuch nicht verpflichtend machen, aber als so attraktiv darstellen, dass Ihre Schüler motiviert werden. Mancher lässt sich vielleicht auch dadurch gewinnen, dass Sie das Ganze als Experiment bezeichnen und/oder erzählen, wie gut es Ihnen selbst ging, als Sie ein solches Tagebuch führten.

Mehr als ein Schlagballspieler

1. Was meint Alans Vater mit folgender Aussage? Schreibe auf.

Ich muss manchmal streng sein, Alan, sonst wirst du nie … du selbst. […] Du bist viel mehr als ein Schlagballspieler. Wenn du nur ein Schlagballspieler wärst, hätte ich nichts gesagt. Du bist eine Person. Ein Mensch mit Seele.

2. Welche Eigenschaft Alans verdeutlichen die Zitate? Sprecht darüber.

„[…] Lassen wir sie fallen, Mr Silverman, wie eine heiße Kartoffel."
„Geht nicht."
„Wieso nicht?"
„Weil sie uns braucht. […]"
(Charlie / Alan, S. 27 f.)

„Du tust keiner Fliege weh. Jeder sagt, was für einen lieben Sohn ich habe."
(Mrs Silverman, S. 43)

Wieder überkam ihn die gespenstische Vorstellung, er hätte ein solches Mädchen schon einmal gesehen oder gekannt. Mit diesen großen schwarzen Augen. […] Und dann kam die Erinnerung zurück. Er hatte einmal eine Wochenschau im Kino gesehen […]. Da war ein Mädchen mit großen schwarzen Augen gewesen, die Soldaten hatten sie in einen Lastwagen verfrachtet. […] [D]as Mädchen hatte Alan direkt angeschaut und er hatte sich auf seinem Sitz gewunden, ganz erfüllt von dem wilden Wunsch, ihr zu helfen. Es war natürlich nicht Naomi, der Schauplatz war Warschau in Polen gewesen. Dennoch war es Naomi. Denn es schien, als könnte auch alles hier geschehen, im New Yorker Stadtteil Queens. (S. 146 f.)

3. Welche Eigenschaften helfen Alan noch, Fortschritte bei Naomi zu erzielen? Untersucht dazu die Kapitel, die die Treffen beschreiben.

Vom Kind zum reifen Jugendlichen

1. Arbeite die Veränderungen von Alans Einstellung gegenüber anderen und sich selbst heraus.

Einstellung zu …	Beginn des Romans	24./25. Kapitel
Shaun und Gleichaltrigen		
Mädchen		
Naomi		
sich selbst		

2. Wie begründen Alans Eltern ihre Aufträge und wie reagiert er? Untersuche dazu die angegebenen Stellen im Buch.

Auftrag	Begründungen der Eltern	Alans Reaktion
1. Auftrag: sich um Naomi kümmern (S. 19–29)		
2. Auftrag: am Abend noch zu Naomi gehen (S. 59–61)		
3. Auftrag: Naomi ohne Puppe zum Sprechen bringen (S. 85–88, S. 98)		
4. Auftrag: sich mit Naomi in Alans Wohnung treffen (S. 103–104)		
5. Auftrag: sich mit Naomi außerhalb des Hauses aufhalten (S. 130–133)		

3. Wie und warum verändern sich die Reaktionen auf die Aufträge? Sprecht darüber.

Wofür bin ich schon verantwortlich?

1. Diskutiert, was mit den folgenden Aussagen gemeint ist.

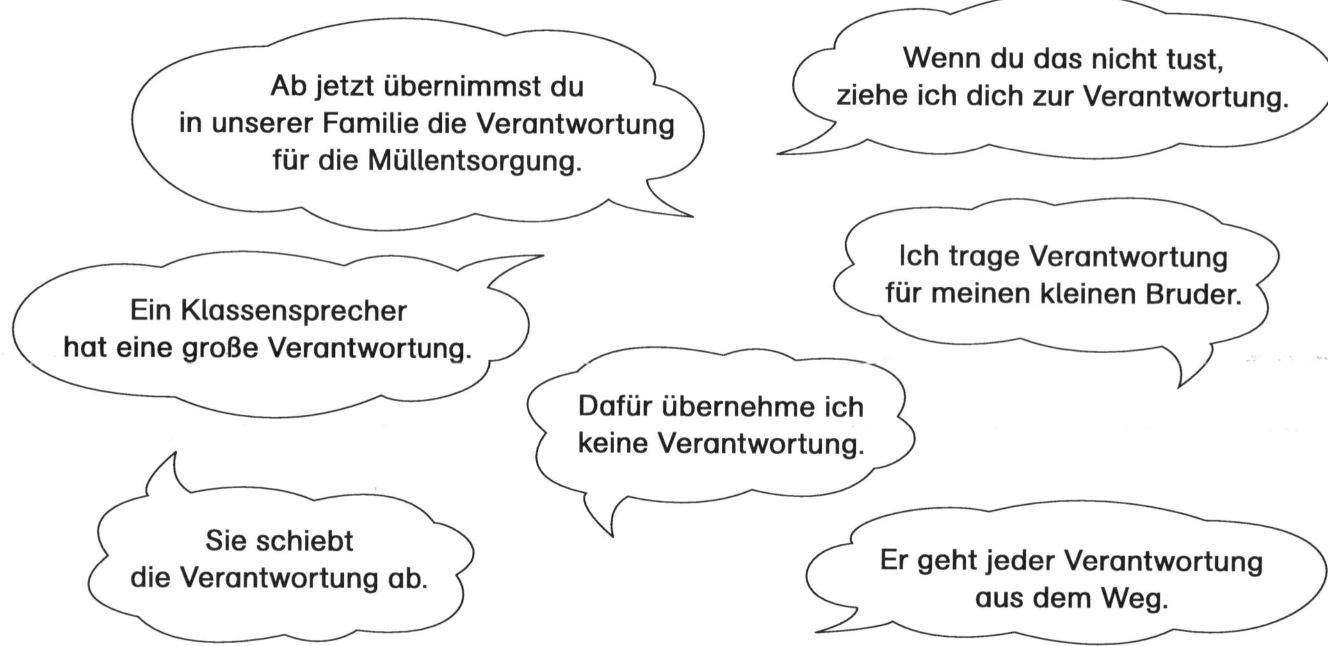

2. Was unterscheidet die Formulierungen „Ich übernehme Verantwortung“ und „Ich muss mich verantworten“? Sprecht darüber. Die folgenden Puzzleteile können euch dabei helfen.

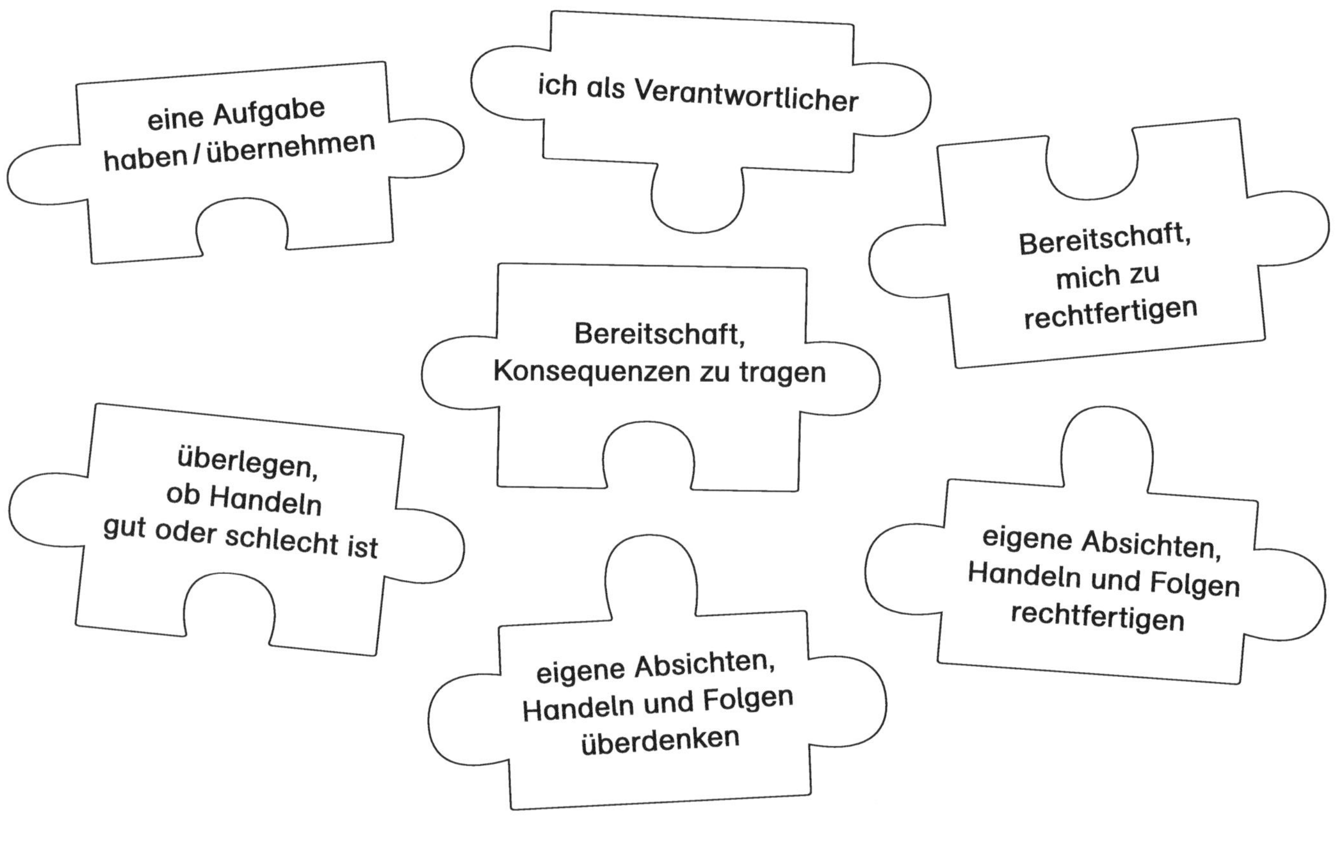

3. Überlege, wofür du persönlich verantwortlich bist. Denke dabei an folgende Lebensbereiche: Familie, Freunde, Schule, fremde Menschen, Umwelt, dich selbst.

VerANTWORTung

1. Fasse das Wesentliche des Textes in einer Mindmap zusammen. Du kannst dafür die Skizze auf die Rückseite übertragen und ergänzen.

Was hat der Begriff „Verantwortung" mit Antwort zu tun? Ursprünglich stammt er aus dem Rechtsbereich und bezeichnet die Antwort eines Beschuldigten auf eine Anklage. Im übertragenen, nicht-rechtlichen Sinne hat Verantwortung inzwischen zwei Bedeutungen, bei denen aber die Beziehung zur ursprünglichen Bedeutung noch erkennbar ist.

„Ich übernehme Verantwortung" kann sich auf zukünftiges Handeln beziehen und bedeutet dann:

- Ich habe eine Aufgabe, muss mich z. B. um etwas oder jemanden kümmern,
- überdenke mein Handeln, meine Motive, Ziele, Absichten, Gründe und die möglichen Folgen
- und wende einen Maßstab an, um zu beurteilen, ob das Handeln und die Folgen gut oder schlecht sind.
- Dabei bin ich auch bereit, mich jederzeit für meine Entscheidungen zu rechtfertigen.

Wenn ich bereits gehandelt habe, betonen Sätze wie „Ich übernehme Verantwortung", „Ich muss mich verantworten" oder „Ich werde zur Verantwortung gezogen", dass ich für mein Handeln geradestehe:

- Ich als derjenige, der Verantwortung zu übernehmen hat,
- rechtfertige Art, Gründe und Folgen meines Handelns, das sich auf eine Aufgabe bezieht, für die ich verantwortlich bin,
- vor demjenigen, der das Recht hat, mich zur Verantwortung zu ziehen.
- Auch hier braucht man Urteilsmaßstäbe, die erlauben, mein Handeln als gut oder schlecht zu betrachten.
- Gegebenenfalls bin ich auch bereit, Konsequenzen zu tragen, also in irgendeiner Weise bestraft zu werden oder Wiedergutmachung zu leisten, wenn mein Handeln falsch war.

Bei der Prüfung meiner Verantwortung für eine Handlung sind viele Fragen zu beantworten:

- Warum handelte ich in einer bestimmten Weise? Welche Ziele oder Absichten verfolgte ich?
- Hätte ich anders handeln können?
- Bedachte und berücksichtigte ich die Folgen meiner Handlung: kurz- und langfristige Folgen, Folgen der Folgen, unerwünschte Nebenwirkungen, von meiner Handlung direkt oder indirekt betroffene Menschen? Berücksichtigte ich Nachteile, die die Vorteile überwogen, oder Vorteile, die die Nachteile überwogen?
- Nach welchem Maßstab beurteilte ich Handeln und Folgen: nach dem Nutzen für mich selbst, dem einer mir nahestehenden Gruppe, dem der Gemeinschaft? Oder gar nicht nach einem Nutzen, sondern nach einem Wert oder religiösen Gebot / Verbot?

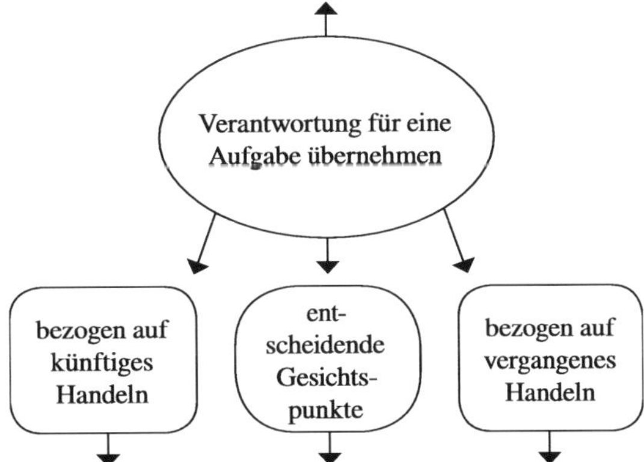

2. Unter welchen Voraussetzungen ist jemand für etwas verantwortlich? Welche Umstände befreien umgekehrt von Verantwortung? Diskutiert.

3. Warum müssen Menschen Verantwortung übernehmen? Welche Gründe werden im Roman „Der gelbe Vogel" angesprochen? Schreibe in dein Heft.

So ein Dilemma …

Verfasse zu einer der folgenden Situationen eine kurze Rede, in der du Pro- und Kontra-Argumente anführst und am Ende ein zusammenfassendes Urteil fällst.

Ich verliebe mich in ein Mädchen (einen Jungen), von dem ich weiß, dass mein bester Freund (meine beste Freundin) ebenfalls in das Mädchen (den Jungen) verliebt ist. Bedeutet Verantwortung, dass ich zurücktreten muss?

In meine Klasse kommt ein neuer Schüler, der von weit weg hierhergezogen ist. Bin ich verantwortlich, mich um ihn zu kümmern und ihm zu helfen, hier Anschluss zu finden?

Die Klamotten, die ich trage, werden in Ländern mit Kinderarbeit, Ausbeutung von Arbeitern usw. hergestellt. Bin ich verantwortlich für diese Missstände?

Ich mache meine Hausaufgaben unregelmäßig und passe im Unterricht nicht auf; die Lehrer lasse ich bei ihren Bemühungen auflaufen. Am Schuljahresende falle ich durch. Bin ich verantwortlich dafür oder sind es die Lehrer und meine Eltern, weil sie es nicht geschafft haben, mich zum Lernen und Aufpassen zu bringen?

Auf dem Gehweg liegt eine Bananenschale, die ein anderer dort hingeworfen hat. Bin ich verantwortlich, wenn jemand darauf ausrutscht, weil ich sie nicht aufgehoben habe?

In der Stunde eines Referendars erfolgt ein Unterrichtsbesuch durch den Schulleiter, der dazu dient, die Arbeit des Referendars zu beurteilen. Diese Beurteilung entscheidet mit darüber, ob der Referendar später eine feste Anstellung bekommt. Ich bin Schüler und spreche (trotz Ermahnungen) ausgiebig mit meinem Nachbarn, obwohl ich die Bedeutung des Unterrichtsbesuchs kenne. Bin ich verantwortlich dafür, dass der Schulleiter später dem Lehrer Vorwürfe macht, weil er mein Stören nicht wirksam unterband, und seine Benotung verschlechtert?

Vergleichspuzzle

Welcher Vergleichsausdruck passt? Setze richtig ein.

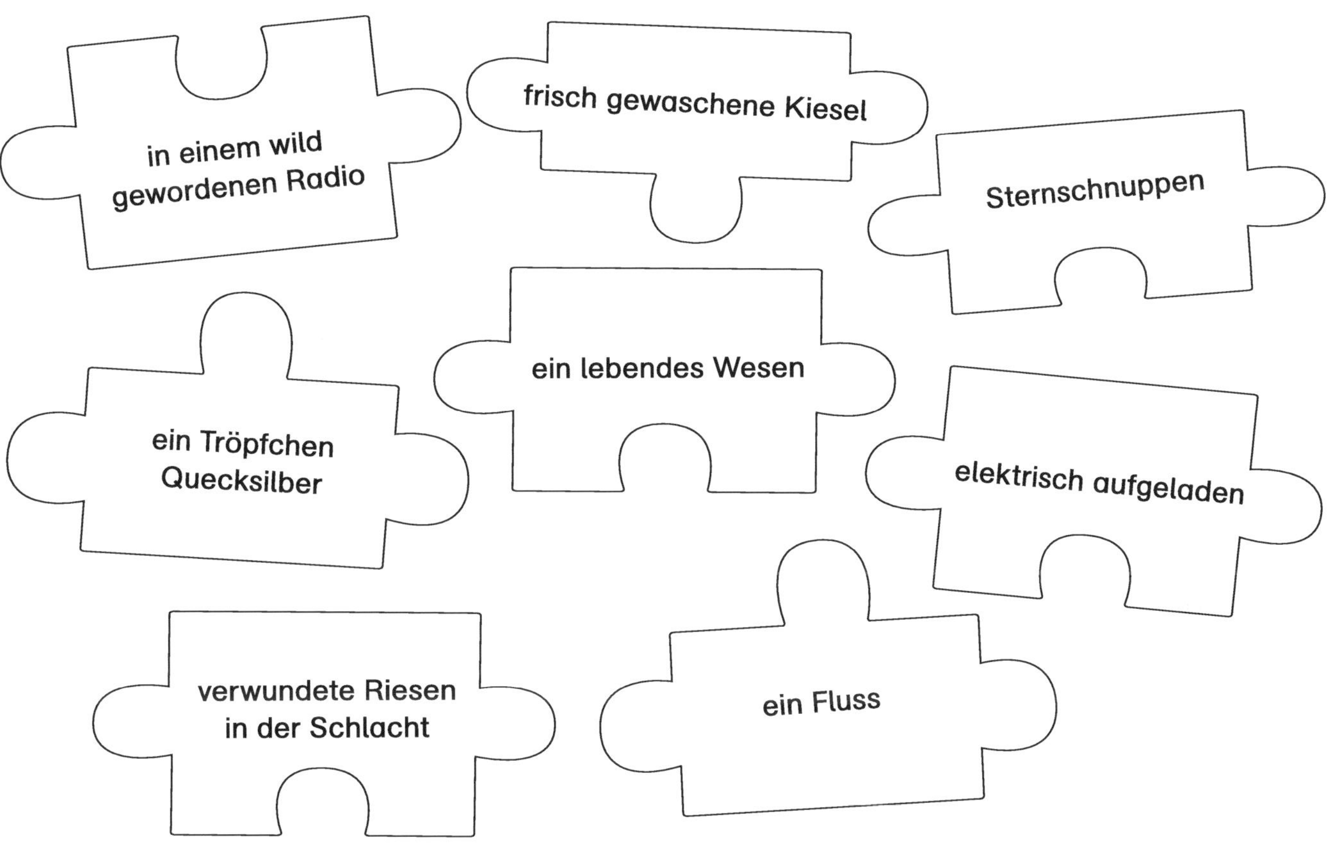

1. „Es musste sie sehr bewegt haben, ihre Augen glänzten wie ____________________ ."
2. „Aber sie war so schwer zu fassen und zu halten wie ____________________ ."
3. „Der Wind war wie ____________________ , ein freundlicher Riese, der mit den Flugzeugen spielte, mal rauer, mal sanfter."
4. „Alan fühlte seine Kopfhaut eiskalt werden, sie spannte sich wie ____________________ ."
5. „In seinem Kopf tönten Signale durcheinander wie ____________________ ."
6. „Dann begann eine Luftschutzübung. Die Sirenen heulten auf wie ____________________ ____________________ ."
7. „In ganz New York erloschen die Scheinwerfer, Schaufensterbeleuchtungen und Straßenlaternen wie ____________________ ."
8. „Alan setzte sein Flugzeug ab und öffnete die Tür, aber sie blieb stehen. Verängstigt sah sie auf die Straße, als wäre da ____________________ , in den sie von hoch oben springen müsste."

In Bildern sprechen

1. Vergleiche die Aussagen: Worin besteht der Unterschied? Sprecht darüber.

a)	Alan merkte, dass er nicht mehr auskonnte.	„Alan spürte, wie sich ein Netz, ein riesiges Fischernetz, auf ihn herabsenkte […].“ (S. 19)
b)	Am Donnerstagmorgen hörte es auf zu regnen und die Sonne schien.	„Am Donnerstagmorgen riss der schwere graue Himmel auf wie nasses Papier, und ausgezackte Blaustreifen wurden sichtbar. Gegen Mittag leuchtete die Sonne wie eine weit offene Blume mit tausend Blütenblättern aus Licht.“ (S. 57)
c)	Alan nahm ein paar Bissen zu sich, aber in seiner Brust wogten alle möglichen Empfindungen durcheinander. Er konnte nicht mehr weiteressen.	„Alan nahm ein paar Bissen zu sich, aber in seiner Brust wogten alle möglichen Empfindungen durcheinander wie verknäuelte Schlangen in einem Korb. Er konnte nicht mehr weiteressen.“ (S. 60)

2. Was bedeuten die Vergleiche? Schlage, wenn nötig, im Buch nach und schreibe in dein Heft.

a) „Aber sie war so schwer zu fassen und zu halten wie ein Tröpfchen Quecksilber.“ (S. 63)
b) „In seinem Kopf tönten Signale durcheinander wie in einem wild gewordenen Radio.“ (S. 93)
c) „[…] seine Gedanken tanzten auf der Höhe der Baumkronen.“ (S. 120)

3. Welcher der drei Vergleiche ist jeweils am besten gelungen? Sprecht darüber.

a)	Das blanke Entsetzen in Naomis Stimme schnitt wie mit Messern Schatten aus dem Dunkel und füllte die Treppe mit Dämonen.	Das blanke Entsetzen in Naomis Stimme schnitt wie mit Beilen Schatten aus dem Dunkel und füllte die Treppe mit Tigern.	Das blanke Entsetzen in Naomis Stimme schnitt wie mit Scheren Schatten aus dem Dunkel und füllte die Treppe mit Gefahr.
b)	In seinem Kopf ballerten die Gedanken wie Bankräuber herum.	In seinem Kopf schwärmten die Gedanken wie zornige Bienen.	In seinem Kopf schwärmten die Gedanken wie Bienen.
c)	Es musste sie sehr bewegt haben, ihre Augen glänzten wie ein Honigkuchenpferd.	Es musste sie sehr bewegt haben, ihre Augen glänzten, als hätte sie eine Eins geschrieben.	Es musste sie sehr bewegt haben, ihre Augen glänzten wie frisch gewaschene Kiesel.

4. Finde selbst passende Vergleiche und schreibe sie in dein Heft.

a) Alan macht sich Gedanken, wie er verhindern kann, dass Naomi ihn vor den anderen anspricht: „Er würde jetzt dauernd vor ihr weglaufen müssen, als hätte sie / wäre sie / würde sie …“
b) Alan malt sich auf dem Flugfeld aus, wie früher Flugvorführungen stattfanden. „Die unermüdlichen gelben und roten Maschinen hatten sich mit dröhnenden Motoren umkreist wie …“

26. bis 31. Kapitel: Erfolg – Wende – Katastrophe

Inhalt

Alles scheint sich positiv zu entwickeln: Zunehmend vertraut Naomi der Welt und sich selbst, besucht sogar wieder eine Schule. Parallel erkennt Alan immer mehr seine tiefen Gefühle für Naomi und ihre für ihn. Die unerwartete Wende bringen rassistische Angriffe des Mitschülers Joe, weshalb Alan sich heftig mit ihm prügelt. Shaun springt Alan zur Seite und sie werden wieder Freunde, aber Naomi verwindet das Ereignis nicht: Das alte Trauma bricht auf und sie verschwindet. Zwar wird sie gefunden, aber niemand erreicht sie mehr. Denn ihre Seele hat sich endgültig in den Wahnsinn geflüchtet.

26. Kapitel: Glückliche Zeit mit Naomi und ein neuer Auftrag (S. 156–163)
Shaun und Alan gehen sich aus dem Weg. Joe Condello merkt, dass etwas anders ist, und verspottet Alan, der das zu ignorieren versucht. Alan vermisst Shaun, vor allem in der Schule, aber freut sich, täglich Naomi zu sehen. Sie vergnügen sich nach dem Lernen mit lustigen Aktivitäten oder einem Kinobesuch mit den Liebmans. Beim anschließenden Eisessen spielt Alan Mr Liebman einen harmlosen Streich und schämt sich gleich dafür, seine Rolle auszunutzen, doch Mr Liebman beruhigt ihn. Während Naomi eines Samstagnachmittags beim Arzt ist, trauert Alan über den Ausschluss bei den Jungen, die Fußball spielen. Schließlich kommt Mrs Liebman, berichtet, dass der Arzt Naomi den Schulbesuch erlaube, betont Alans Leistung und bittet ihn, ihr zuliebe Naomi in die Schule zu begleiten. Nicht der Auftrag, aber ihre Art erzürnt ihn: Für Mrs Liebman mache er gar nichts, denn er habe einen Freund verloren und habe jetzt keinen mehr, ganz im Gegensatz zu ihr; was er tue, tue er für Naomi. Als sie ihm auch noch dankt, explodiert er: „Ich will einfach kein Danke mehr hören. Naomi ist meine Freundin. Nur sie kann mir danken, aber sie tut's nicht, weil sie weiß, dass sie es nicht braucht." (S. 162 f.) Voller Zorn auf die Erwachsenen geht er in sein Zimmer.

27. Kapitel: Naomis erfolgreicher erster Schultag (S. 163–168)
Alan und Naomi machen sich zur Schule auf. Als ein Mitschüler mit Pfiffen und den Worten „Schicke Biene" (S. 164) Anerkennung ausdrückt, erfüllt Alan das mit Stolz. In der Schule freut er sich, da Mrs Landley auch Naomis Klassenlehrerin ist und sie beide in der siebten Klasse für die Begabten sind. Naomi sitzt zunächst nur starr da, Mrs Landley aber beruhigt sie und bindet sie ins Unterrichtsgespräch ein, indem sie die Herkunft des englischen Wortschatzes thematisiert. Hier wie in den Folgestunden brilliert Naomi zu Alans Stolz durch ihre Klugheit; den Französischlehrer schüchtert sie sogar ein. Auf dem Rückweg begegnen sie Shaun und nach dem kurzen schadenfrohen Gedanken, dass er mit Naomi mehr Spaß habe als mit ihm, regt sich bei Alan doch eine tiefe Sehnsucht, dass sie zu dritt Freunde sein könnten.

28. Kapitel: Tiefe Gefühle zwischen Alan und Naomi (S. 169–172)
Alan und Naomi erledigen gemeinsam ihre Hausaufgaben. Sie müssen u. a. eine Charakteristik eines nahestehenden Menschen verfassen. Als Naomi kichernd einen Text über Alan schreibt, meint er, sie mache sich über ihn lustig, und möchte es ihr heimzahlen, indem er sie in seinem liebevoll-spöttisch auf den Arm nimmt. Ihr gespielter Protest, während sie den Aufsatz vorliest, zeigt aber, dass sie es ihm nicht verübelt. Im Gegenzug trägt er ihren Text vor, in dem sie offen seine Rolle in ihrem Leben beschreibt: ein lieber „Freund des Herzens" (S. 171), der sie zum Lachen bringe wie einst ihr Vater. Er ist beschämt und beschwingt zugleich; Naomi lässt ihn, nachdem er betont hat, wie gerne auch er sie habe, noch etwas zappeln, bevor sie seinen Text mit den Worten an sich nimmt: „Ist sehr schön. Ist so, wie du manchmal sprichst." (S. 172) Offenbar durchschaut sie Alans typische Jungenkommunikation. Abends in seinem Bett liest Alan ihren Text über ihn noch mehrmals.

29. Kapitel: Joes antisemitische Hetze (S. 173–181)
Bis zum Ende der Woche verläuft in der Schule alles erfreulich: Naomi findet Anschluss an eine Mädchengruppe und ist zu Alans Freude immer weniger auf ihn angewiesen. Doch eines Tages auf dem Weg zur Schule kommt die völlig unerwartete Wende: Joe Condello, Alans alter Widersacher, beschimpft ihn und Naomi in übelster Form: „[... I]hr dreckigen Juden dreht alle möglichen dreckigen Dinger." Naomi sagt er ins Gesicht: „Und deswegen rottet euch Hitler auch aus." (S. 173) Ohne Zögern schlägt Alan Joe mit einem Fausthieb nieder und es entwickelt sich ein heftiger Kampf, bei dem Alan chancenlos ist. Nach Joes Schlag auf seinen Mund blutet er stark. Alan ruft Naomi immer wieder zu, sie solle weglaufen, aber sie steht nur von Panik ergriffen da; ihre Schreie („Gestapo! Gestapo! Blut.", S. 174) zeigen, dass das Trauma wieder aufbricht. Endlich rennt sie davon, während auf den längst am Boden liegenden Alan unentwegt Joes Schläge einprasseln. Doch Shaun greift ein, verprügelt Joe und treibt ihn in die Flucht. Alan findet in einer Blutlache einen Zahn und stellt überrascht fest, dass er diesen Joe ausgeschlagen hat. Shaun begleitet Alan nach Hause, wo dieser sich in dessen Wohnung das Blut abwäscht und

ansonsten glücklich über die wiedererstandene Freundschaft ist. Um sie zu beruhigen, möchte Alan Naomi in ihrer Wohnung besuchen, geht aber zunächst nach Hause, wo seine Mutter zwar einerseits entsetzt über seine Blessuren ist, andererseits aber Alans Reaktion auf die Beschimpfungen versteht. Als er von Mrs Liebman erfährt, dass Naomi nicht in ihrer Wohnung ist, erschrecken sie und beschließen, sofort nach dem Mädchen zu suchen.

30. Kapitel: Naomi – völlig verstört unter Kohlen (S. 181–187)

Am Abend ist Naomi trotz einer polizeilichen Suchaktion noch immer weg. Alan fällt das Holmes-Flugfeld ein und er fährt zusammen mit Shaun in einem Polizeiwagen dorthin. Als der Polizist Naomi verrückt nennt und den Jungen, die sie nun beide als ihre Freundin bezeichnen, rät, sich solche „Spinner vom Leib" zu halten (S. 184), traut sich Alan, heftig zu widersprechen. Die Suche auf dem Flugfeld ist erfolglos und die Polizei stellt ihre Bemühungen ein, sehr zum Ärger von Alans Vater. Plötzlich werden alle Beteiligten in den Keller geholt, in dem der Hausmeister Naomi unter einem Kohlenberg entdeckt hat. Keiner kann sie beruhigen; ihre einzigen Worte sind *„Enterrez les morts"* (S. 186): „Begrabt die Toten". Verzweifelt versucht Alan, zu ihr durchzudringen, doch er merkt entsetzt, dass die Naomi, die er kannte, nicht mehr existiert.

31. Kapitel: Alan und sein Vater bei Naomi im Sanatorium (S. 188–191)

Monate später besuchen Alan und sein Vater Naomi in einem Heim. Das Mädchen sitzt nur da und bewegt die Hände so, als ob sie Papier zerrisse. Verzweifelt möchte Alan sie wieder mithilfe der Handpuppe Charlie erreichen, aber erfolglos. Naomi, erfahren sie, spricht inzwischen mit niemandem mehr, nicht einmal mit ihrer Mutter. Voller Wut erkennt Alan, dass die Nazis sie in gewissem Sinn nun doch erwischt haben. Bei der Rückfahrt versucht der Vater, Alan Hoffnung zu machen, dass Naomi irgendwann geheilt werde, doch der schweigt nur zornig, weil er an kein gutes Ende glaubt. Alan geht mit seinem Modellflugzeug, dem „gelben Vogel", auf den Flugplatz, wo er es plötzlich zerstört, zusammenbricht und all seine Verzweiflung in den Boden weint.

Unterrichtsschwerpunkte

- Zusammenfassung der Figurenentwicklung
- Vorurteile und Feindbilder
- Merkmale epischer Texte
- Aktualität des Themas Flucht

Zum Aufbau der Unterrichtseinheit

Im Zentrum steht die Zusammenschau der Handlungs- und Figurenentwicklung. Dabei sind auch zwei wichtige Punkte zu diskutieren: Alans Art der Reaktion auf Joe Condellos Antisemitismus, die im Roman eher positiv dargestellt wird, aus heutiger Sicht aber problematisch ist, sowie die Schuldfrage. Darüber hinaus bietet es sich an, näher auf Vorurteile und Geschlechtsstereotype einzugehen.

Hier ein Vorschlag zur Gestaltung der Unterrichtseinheit zum letzten Lektüreteil:

- 15. Stunde – Erarbeitung von Alans Entwicklung und der Romanstruktur anhand eines Tafelbilds (KV „Alans Weg", S. 61; Hinweise auf S. 56 f.)
- 16./17. Stunde – Auseinandersetzung mit Vorurteilen (KV „Typisch ...", S. 62, Hinweise auf S. 57) und Feindbildern (KV „Von Vorurteilen zu Feindbildern", S. 63, Hinweise auf S. 57 f.); Vertiefung zu geschlechterrollenspezifischen Stereotypen, siehe Vorschläge unter „Kreativ aktiv", S. 59
- 18. Stunde – Blick auf die formalen epischen Merkmale des Textes (KV „Erzählerische Mittel und Techniken", S. 64, Hinweise auf S. 58)
- 19. Stunde – Beschäftigung mit heutigen Flüchtlingsschicksalen, evtl. in ausgeweiteter Form als Projekt; verschiedene Anregungen dazu unter „Themenbereich Flüchtlingsschicksale" (S. 60)

Zu den Kopiervorlagen

Alans Weg

Die Kopiervorlage dient als Tafelbildvorlage. Neben Alans innerer Entwicklung verdeutlicht sie bereits Merkmale der Romanstruktur, auf die Sie bei der formalen Analyse zurückgreifen können.

Alans handgreifliche Reaktion auf Joes antisemitische Äußerungen wird im Buch nicht problematisiert, sondern durch das Verständnis von Alans Mutter (vgl. S. 179 f.) sogar positiv gewertet; das entspricht durchaus dem Denken in der Entstehungs- und Handlungszeit des Romans. Aus heutiger Sicht ist physische Gewalt natürlich keine Lösung, sodass Sie mit den Schülern Alternativen besprechen sollten. Hilfreich kann die Einbeziehung der an vielen Schulen etablierten Streitschlichter sein. Nicht wenige Schulen gehören inzwischen zur Bewegung „Schule ohne Rassismus".

Die dort engagierten jungen Leute lernen in ihrer Weiterbildung meist auch, wie man angemessen auf rassistische Äußerungen reagiert.

Zwangsläufig führt die Beschäftigung mit Alans Reaktion zur Frage nach der Schuld an Naomis Schicksal am Ende. Hier ergibt sich das Problem, dass der Roman nirgends Alan als Mitschuldigen betrachtet, eben weil seine Reaktion damals als angemessen galt. Heute würde man aber einwenden: Hätte Alan sich nur verbal zur Wehr gesetzt und wäre mit Naomi schnell weitergegangen, hätte ihre Retraumatisierung verhindert werden können. Andererseits sollte man diesen Aspekt nicht zu sehr in den Vordergrund stellen und vor allem auf die Zeitgebundenheit der Bewertung von Konfliktlösungsmethoden hinweisen.

Alan grübelt am Ende des 29. Kapitels über die Schuldfrage (interessanterweise nur kurz, ein Hinweis, dass dieses Thema für den Autor nicht im Zentrum steht): „Es war alles Condellos Schuld. Nein, nein, Condello war nicht schuld. Hitler war schuld. Vielleicht beide. Ja, beide." (S. 181) Diskutieren Sie mit den Schülern über die Frage nach der Schuld.

KV Seite 62

Typisch …

Die Problematik von Vorurteilen gegenüber bestimmten Gruppen wird im Roman zwar nicht im Detail behandelt, bildet aber einen ständig präsenten Hintergrund. Eine zentrale Rolle spielt der Antisemitismus, und zwar auch als alltägliche Judenfeindlichkeit, wie sie im erschreckend normalen Gebrauch von Schimpfwörtern beispielsweise durch Joe („Du Judenfreund, du.", S. 9; „Am Arsch, du mieser Judenfreund!", S. 10) oder als Ablehnung der Kontakte ihres Sohnes zu Alan durch Shauns Eltern (vgl. S. 11) schon am Anfang des Buches auftreten. Anhand des Arbeitsblattes beschäftigen sich die Schüler zunächst mit ihren eigenen Vorurteilen gegenüber Menschen unterschiedlicher Gruppen. Aufgabe 3 verdeutlicht, dass es sich nicht gegenseitig ausschließt, etwa jüdisch und deutsch zu sein, was gerade jüngeren Schülern nicht immer bewusst ist. Die letzte Aufgabe zielt darauf ab zu hinterfragen, warum wir überhaupt voreingenommen gegenüber anderen sind. Vorurteile gehören zur Grundausstattung menschlichen Denkens und Daseins. Verantwortlich dafür ist neben vielen anderen Gründen schlichtweg die Ökonomiefunktion bzw. die Möglichkeit zur Komplexitätsreduktion; schnelles Agieren und Reagieren wird durch solche kognitiven Schemata vereinfacht. Sprechen Sie mit den Schülern darüber, dass Vorurteile nicht per se schlecht sind. Vielmehr geht es darum, sich der eigenen Voreingenommenheit bewusst und auch fähig zu sein, diese immer wieder an konkreten Erfahrungen zu messen und ggf. zu revidieren.

Lösung

Aufgaben 1 und 2:
individuelle Lösungen

Aufgabe 3:
Aus der Reihe fällt „jüdisch", da es sich um eine Religionszugehörigkeit handelt. Die übrigen Begriffe bezeichnen Nationalitäten.

Aufgabe 4:
individuelle Lösung

Von Vorurteilen zu Feindbildern

Die Kopiervorlage befasst sich damit, wie sich Vorurteile zu Feindbildern entwickeln können. Der Lückentext macht deutlich, wie sich die Nazis verbreitete Stereotype über Juden zunutze machten, um ihre Ideologie in den Köpfen der Menschen zu verwurzeln. Gehen Sie in diesem Zusammenhang darauf ein, wie sich der Antisemitismus im Laufe der Jahrhunderte verändert hat: von einem auf religiösen Motiven basierenden Antijudaismus zu einem auf biologischen Merkmalen aufbauendem Antisemitismus im 19. Jahrhundert, der im Rassenwahn der Nazis gipfelte. Sprechen Sie mit den Schülern darüber, dass Antisemitismus bis heute verbreitet ist. Jeder vierte Deutsche denkt laut einer Studie des Jüdischen Weltkongresses (2019) antisemitisch. Weitere Informationen und Zahlen finden Sie im Bericht „Antisemitische Vorfälle in Deutschland" aus dem Jahr 2020 (Download unter *https://report-antisemitism.de/publications*), den der Bundesverband der Recherche- und Informationsstellen Antisemitismus e.V. (RIAS) erstellt hat. Fragen Sie die Jugendlichen, ob ihnen schon einmal antisemitische Vorurteile oder Beleidigungen begegnet sind.

Mit älteren und leistungsstärkeren Schülern können Sie auch auf die weltpolitische Situation eingehen. Der Konflikt um die Region Palästina, die sowohl der Staat Israel als auch die Palästinenser für sich beanspruchen, führt immer wieder zu kriegerischen Auseinandersetzungen. Aufgrund der israelischen Politik kommt es – auch in Deutschland – regelmäßig zu antisemitischen Äußerungen. Auf die Problematik der Bewertung derartiger Vorfälle verweist Aufgabe 2. Besprechen Sie mit den Schülern, dass durchaus legitime Kritik an der israelischen Regierung geübt werden darf. Entscheidend ist, die Politik des Staates nicht mit „den Israelis" oder „den Juden" gleichzusetzen und zu prüfen, ob sich dahinter antisemitische Vorurteile verbergen. Gehen Sie darauf ein, wie man den Unterschied zwischen vernünftiger Kritik und einer von Vorurteilen geprägten Anti-Haltung gegenüber einer Gruppe erkennt. Legitime Kritik zeichnet sich durch argumentative Gründlichkeit und ein Abwägen von Aspekten aus, durch geringe Emotionalität und die Differenziertheit von Konsequenzen, die aus der Kritik gezogen werden. Sie richtet sich gegen Verhaltensweisen oder umschriebene Denkmuster, nicht gegen ganze Kollektive bzw. Personen als solche. Sie legt außerdem gleiche Maßstäbe an das Verhalten von Konfliktparteien an. Ein auffälliges Merkmal von Anti-Haltungen gegenüber einer Gruppe ist die Technik, die eigene Aussage mit einem Rekurs auf die Meinungsfreiheit zu legitimieren, der zugleich einen Kritiker dieser Aussage als Verletzer von Grundrechten darstellt (Täter-Opfer-Verdrehung). Sprachlich geschieht das durch Wendungen wie „Man wird doch noch sagen dürfen …".

Lösung

Der Erste Weltkrieg (1914 – 1918) hinterließ Deutschland in einem katastrophalen Zustand: Die wirtschaftliche Lage war verheerend und die Bevölkerung gezeichnet von den Schrecken des Krieges. Verstärkt wurde ihr Missmut durch die sogenannte Dolchstoßlegende, die einen angeblichen Verrat an den deutschen Soldaten als Ursache der Niederlage verbreitete. Die Verzweiflung der Menschen bildete die Grundlage für den Aufstieg der Nationalsozialisten, die das Elend schamlos für ihre Zwecke ausnutzten. Um einen Schuldigen zu haben, der als gemeinsamer Feind bekämpft werden konnte, brauchten sie einen „Sündenbock": Die Juden sollten die Kriegsniederlage herbeigeführt haben und zudem für die Wirtschaftskrise verantwortlich sein. Adolf Hitler und seine Verbündeten schürten Vorurteile, die es bereits seit langer Zeit gab. Schon im Mittelalter wurden Juden als „Christus-Mörder" beschimpft. Da sie viele Berufe nicht ausüben durften, verdienten sie sich ihren Lebensunterhalt durch das Verleihen von Geld. Deshalb galten sie als geschäftstüchtig. Hitler machte sich das Bild vom „geldgierigen Juden" zunutze. In Filmen und auf Plakaten wurden Juden als Wohlhabende dargestellt, während andere unter der Krise litten. So wurde Neid erzeugt. Nach und nach bauten die Nazis ein Feindbild auf und präsentierten eine Lösung: Die Juden müssten verschwinden, dann würde Deutschland wieder zu alter Stärke zurückfinden. Viele glaubten ihnen. 1932 wurde die Nationalsozialistische Deutsche Arbeiterpartei (NSDAP) zur stärksten Kraft gewählt, 1933 kam Hitler an die Macht. Die Juden wurden ausgegrenzt und verloren schrittweise ihre Rechte. Ab 1935 durften jüdische und nichtjüdische Deutsche nicht mehr heiraten. Später mussten sie einen gelben Stern tragen. Die Diskriminierungen gipfelten in einer beispiellosen systematischen Verfolgung, die sechs Millionen europäische Juden das Leben kostete.

KV Seite 64

Erzählerische Mittel und Techniken

Der Einsatz dieser Kopiervorlage setzt voraus, dass Grundmerkmale epischer Texte bereits einmal behandelt wurden; die Schüler sollen ihr Wissen auf den Roman übertragen.

Lösung

- Er-Erzähler
- personale Erzählperspektive: erleichtert die Identifikation des Lesers mit Alan und fokussiert auf das, was thematisch im Zentrum steht: die innere Entwicklung des Protagonisten; Gefühle und Gedanken anderer werden nur über deren Aussagen oder mimisch-gestische Verhaltensweisen vermittelt; keine Vorausdeutungen wegen des Fehlens eines allwissenden Erzählers
- grundsätzlich chronologisches Erzählen; an wenigen Stellen Rückblenden (z. B. S. 29)
- gelegentlich raffende Passagen (Erzählerbericht), Dominanz der szenischen Gestaltung
- Redeformen: direkte Rede (bei der Wiedergabe von Alans Gedanken in dieser Form keine Anführungszeichen, vgl. „Ganz schön bescheuert, dachte Alan. Die Kerle haben recht […]", S. 13); erlebte Rede, die oft den Charakter eines inneren Monologs hat, obwohl sie nicht in die 1. Person Singular übergeht
- Handlungsaufbau: zwei Handlungsstränge mit Wendepunkten (siehe KV „Alans Weg", S. 61); Höhepunkte am Ende: Erneuerung der Freundschaft zwischen Alan und Shaun sowie die Katastrophe mit Naomi; zirkelkompositorisches Element: Joes Antisemitismus und die Beinahe-Rauferei zwischen ihm und Alan im 1. Kapitel (S. 9 f.), Joes Ausfälle und der Kampf im 29. Kapitel (S. 173 ff.)
- Leitmotiv „Fliegen" in doppelter Bedeutung: Freiheit vs. Zerstörung, Leben vs. Tod: Schmetterlinge, Flugfeld und Modellflugzeuge, insbesondere der Titel „Der gelbe Vogel", Interesse der Jungen an Kriegsflugzeugen, Zerstörung des Modellflugzeugs durch Alan am Ende (nicht nur Metapher für das Ende der Kindheit, sondern auch für Tod)

Kreativ aktiv

Typisch Junge – typisch Mädchen

Ein Romanmotiv ist die Auseinandersetzung mit geschlechterrollenspezifischen Stereotypen, insbesondere der Vorstellung des (angeblich) typischen Jungen. In einer Unterrichtsstunde zu dem Thema kann man eine Textanalyse mit kreativen Elementen und einem Transfer auf die heutige Situation von Jungen verbinden. Sie finden im Folgenden einen Vorschlag zum Stundenaufbau, wobei der Fokus auf dem männlichen Rollenstereotyp liegt, und zwar aus zwei Gründen: Zum einen setzt die Lektüre hier den Schwerpunkt, zum anderen können Mädchen inzwischen ein weitaus größeres Spektrum an Rollen übernehmen, während sich Jungen und Männer mit ihrer Rollenfindung anhaltend schwertun.

Eine Einstiegsmöglichkeit besteht darin, Bilder mit „typischen Jungs“ an die Tafel zu projizieren, verbunden mit der Frage, ob das für die Schüler Vorbilder sind. Der nächste Schritt umfasst die vertiefte Auseinandersetzung mit folgenden Leitfragen: Was ist typisch für Jungen, was untypisch? Was dürfen Jungen, was nicht? Wann ist ein Junge ein „richtiger Junge“? Die Schüler sammeln in geschlechtshomogenen Kleingruppen ihre eigenen Vorstellungen bzw. Stereotype auf einem Plakat. Geschlechtshomogene Gruppen führen in der Regel zu deutlicheren Ergebnissen. Es steht zu erwarten, dass Mädchen wesentlich differenzierter über Rollenbilder sprechen als Jungen; das ist oft noch in der Oberstufe so. Die Plakate werden aufgehängt, um die Resultate miteinander zu vergleichen. Meist entwickelt sich daraus bereits eine engagierte Diskussion über die Angemessenheit der Vorstellungen.

Im dritten Schritt geht es um die textanalytische Arbeit mit dem Roman. Lassen Sie die Schüler selbst relevante Textstellen heraussuchen. Folgende Stereotype finden sich im Buch:

- Interessen: Sport, Maschinen (hier: Kriegsflugzeuge), Kampf, Sexualität (vgl. dreckige Witze), auch wenn sie zugleich abgewehrt wird; Ablehnung des Lesens von Büchern (vgl. die abschätzige Bezeichnung von Alan als „Bücherwurm“, S. 75)
- Bedürfnisse: Erfolg (vgl. Helden- und Starfantasien), Anerkennung bei den anderen Jungen, als stark dastehen und Schwächen unsichtbar sein lassen; andererseits aber auch Vertrauen
- Verhaltensweisen: fluchen, spucken, keine Gefühle zeigen
- männliches Sprech- und Kommunikationsverhalten: Gebrauch von Kraftausdrücken, Gossensprache, Schimpfwörtern und beleidigenden Ausdrücken (selbst in Momenten innerer Nähe), aggressive Tönung, Ironie, Spott; Satzbau oft parataktisch, elliptisch, abgehackt

Zuletzt lässt sich die Aktualität der Rollenbilder in Levoys Roman untersuchen. Bei jüngeren Schülern dürften heute dieselben Stereotype gültig sein wie damals.

Wenn Sie männliche und weibliche Rollenstereotype thematisieren wollen, brauchen Sie beim Einstieg nur Bilder „typischer“ Mädchen zu ergänzen und die folgenden Leitfragen auszuweiten. Noch ein wichtiger Hinweis: Die Beschäftigung mit Geschlechterrollen ist in dieser Altersstufe eine heikle Sache. Das Geschlecht ist wesentlicher Teil der Identität, der Umgang damit für die Kinder/Jugendlichen aber noch sehr schwierig. Stereotype Vorstellungen sind dabei auch ein Zwischenschritt im Rahmen der Identitätsfindung und die Abgrenzung vom anderen Geschlecht ist zudem Ausdruck der nach wie vor vorhandenen Verunsicherung während des Erwachens der Sexualität; im Hintergrund stehen also häufig Unsicherheiten und Ängste vor dem anderen Geschlecht (vgl. Alan und Shaun), aber auch vor den Geschlechtsgenossen. Behalten Sie dies bei einer Diskussion über Geschlechterrollen im Hinterkopf.

Dieser Themenbereich kann in vielfältiger Weise kreativ weiterbehandelt werden. Zwei Vorschläge:

- Jungensprache – Mädchensprache: Die Schüler sollen in der Pause (oder morgens auf dem Schulweg bzw. vor Unterrichtsbeginn) auf typische Gespräche von Jungen oder Mädchen untereinander (oder auch miteinander) achten und sich möglichst viel merken; mit dem Einverständnis der Beteiligten können vielleicht sogar Tonaufnahmen gemacht werden. In der Unterrichtsstunde, die idealerweise unmittelbar auf den Beobachtungszeitraum folgen sollte, werden solche Gespräche zunächst niedergeschrieben und dann analysiert.
- Umkehrung der Geschlechterrollen der Figuren und die Auswirkung auf die Handlung: Drehen Sie die Figurenkonstellation in Bezug auf das Geschlecht einmal um. Die Schüler sollen sich vorstellen, dass Alan, Shaun und ihre Kumpel Mädchen sind und die weibliche Alan einer männlichen Naomi helfen soll. Wie würde sich – unter Beibehaltung der Zentralperspektive von Alan – die Handlung entwickeln? Welche Konflikte träten in dieser Konstellation auf? Wie würden sie gelöst? Sie können die Schüler auch einzelne Stellen umschreiben lassen, um z. B. den Unterschied im Sprechverhalten zu verdeutlichen.

Themenbereich Flüchtlingsschicksale

Die Lektüre als Ausgangspunkt für Klassenprojekte

Angesichts der dramatischen Zunahme von Flüchtlingsbewegungen, insbesondere auch der Flucht von unbegleiteten Minderjährigen und Kindern mit ihren Eltern, ist Levoys Buch brandaktuell. Viele von ihnen stammen aus Bürgerkriegs- oder Notstandsgebieten (Syrien, Irak, Eritrea, Somalia usw.) und sind häufig traumatisiert. Diese Möglichkeit der Aktualisierung eines literarischen Stoffes sollte genutzt werden. Besonders eignet sich dazu ein Projekt – auch fachübergreifend oder im Rahmen größerer Aktionen an der Schule –, in dem sich die Schüler vielschichtig mit der Thematik befassen: auf der Sachebene (auch als Beitrag zur Immunisierung gegen fremdenfeindliches Gedankengut) sowie auf emotionaler und persönlicher Ebene. Insbesondere direkte Kontakte mit Flüchtlingen sind entscheidend, um wie Alan durch Nähe und gemeinsame Erlebnisse mögliche Vorurteile zu überwinden bzw. gar nicht entstehen zu lassen.

Adressen für Recherchen und Material

Auf folgenden Internetseiten finden Sie aktuelle Zahlen, Informationen und seriöse Materialien:

- Bundesamt für Migration und Flüchtlinge (gibt laufend aktualisierte Statistiken heraus): *www.bamf.de*
- Europäische Statistikbehörde Eurostat: *www.ec.europa.eu/eurostat*
- UNO-Flüchtlingshilfe (Materialien, Online-Quiz, Online-Spiel u. v. a. m.): *www.uno-fluechtlingshilfe.de*
- UN-Hochkommissariat für Flüchtlinge: *www.unhcr.de*
- Regierungskritische Organisationen: „Mediendienst Integration" und „Pro Asyl": *www.mediendienst-integration.de* und *www.proasyl.de*

Statistiken als Erkenntnisquelle

Als Informationsquelle sind Statistiken unerlässlich, z. B. um das Ausmaß der Flüchtlingsbewegungen in der Welt im historischen Vergleich oder das bisherige deutsche Engagement für Flüchtlinge zu erfassen. Denn das, was über die Aufnahmezahlen in Deutschland häufig gesagt wird, relativiert sich schnell, wenn man nicht die absoluten Zahlen von aufgenommenen bzw. anerkannten Asylbewerbern anschaut, sondern diese Zahlen ins Verhältnis zur Bevölkerungsgröße setzt: Deutschland ist bislang unter dieser Perspektive nämlich nur sehr mittelmäßig engagiert.

Ein Tipp: Legen Sie den Schülern erst Statistiken zu Flüchtlingszahlen (Bewerber, Anerkennungen) in absoluten Werten vor und lassen Sie diese auswerten. Konfrontieren Sie diese Ergebnisse im zweiten Schritt mit Statistiken, die die Angaben im Verhältnis zur Bevölkerungszahl auflisten. Die Daten finden Sie z. B. beim Bundesamt für Migration und Flüchtlinge und bei Eurostat.

Schicksale von Kindern auf der Flucht heute

Man findet im Internet anschauliche Schilderungen, teilweise auch Selbstberichte von Kindern, die fliehen mussten, zum Beispiel auf der Seite der UNO-Flüchtlingshilfe. Besonders anschaulich und mit Naomis Schicksal vergleichbar ist der Bericht eines Jungen aus Nigeria, der miterleben musste, wie Boko-Haram-Milizen seinen Vater töteten (seine Geschichte und ein Video finden Sie unter *www.uno-fluechtlingshilfe.de/hilfe-weltweit/fluechtlinge-erzaehlen/ibrahim-aus-nigeria*).

In dem Buch „Bloß nicht weinen, Akbar!" (Hase und Igel Verlag 2015, 125 S.) berichtet ein junger Afghane in einfachen, klaren Worten von seiner dramatischen Flucht als 16-Jähriger über die Türkei, Griechenland, Italien und Frankreich nach Deutschland.

Patenschaften

In vielen Schulen gibt es entweder einzelne Flüchtlingskinder oder sogar ganze Spezialklassen. So wie Alan können Ihre Schüler in Form von Patenschaften Verantwortung übernehmen und einzelne Stunden am Nachmittag dafür aufwenden, mit den Kindern Deutsch zu üben – oder einfach nur zu spielen. Schwer traumatisierte Kinder wie Naomi werden wahrscheinlich nicht darunter zu finden sein. Sagen Sie das Ihren Schülern zur Beruhigung, falls sie Angst haben, überfordert zu sein. Jugendliche mit so gewaltigen und offenkundigen seelischen Verletzungen werden heutzutage in Spezialeinrichtungen betreut.

Ausstellung: Flüchtlinge in Literatur und Realität

Nehmen Sie das Buch als Ausgangspunkt für eine umfassendere Auseinandersetzung mit dem Flüchtlingsthema in Form einer Ausstellung. Dabei üben die Schüler, wie man ein Thema so präsentiert, dass Besucher sich wirklich damit beschäftigen. Insofern sollten neben Elementen, die der Information über den Roman dienen, auch folgende vorhanden sein:

- kreative Elemente, z. B. Bilder zu Szenen aus dem Buch mit kurzen Textausschnitten oder kurzen persönlichen Kommentaren der Schüler
- Verknüpfung des Buches mit der derzeitigen Realität, z. B. durch Konfrontation von Textstellen mit Berichten von Flüchtlingskindern
- aktivierende Elemente, z. B. Fragen (u. a. zu Flüchtlingszahlen), bei denen der Besucher zwischen Antworten wählen und erst dann die richtige sehen kann
- Einbinden von Filmdokumenten

Alans Weg

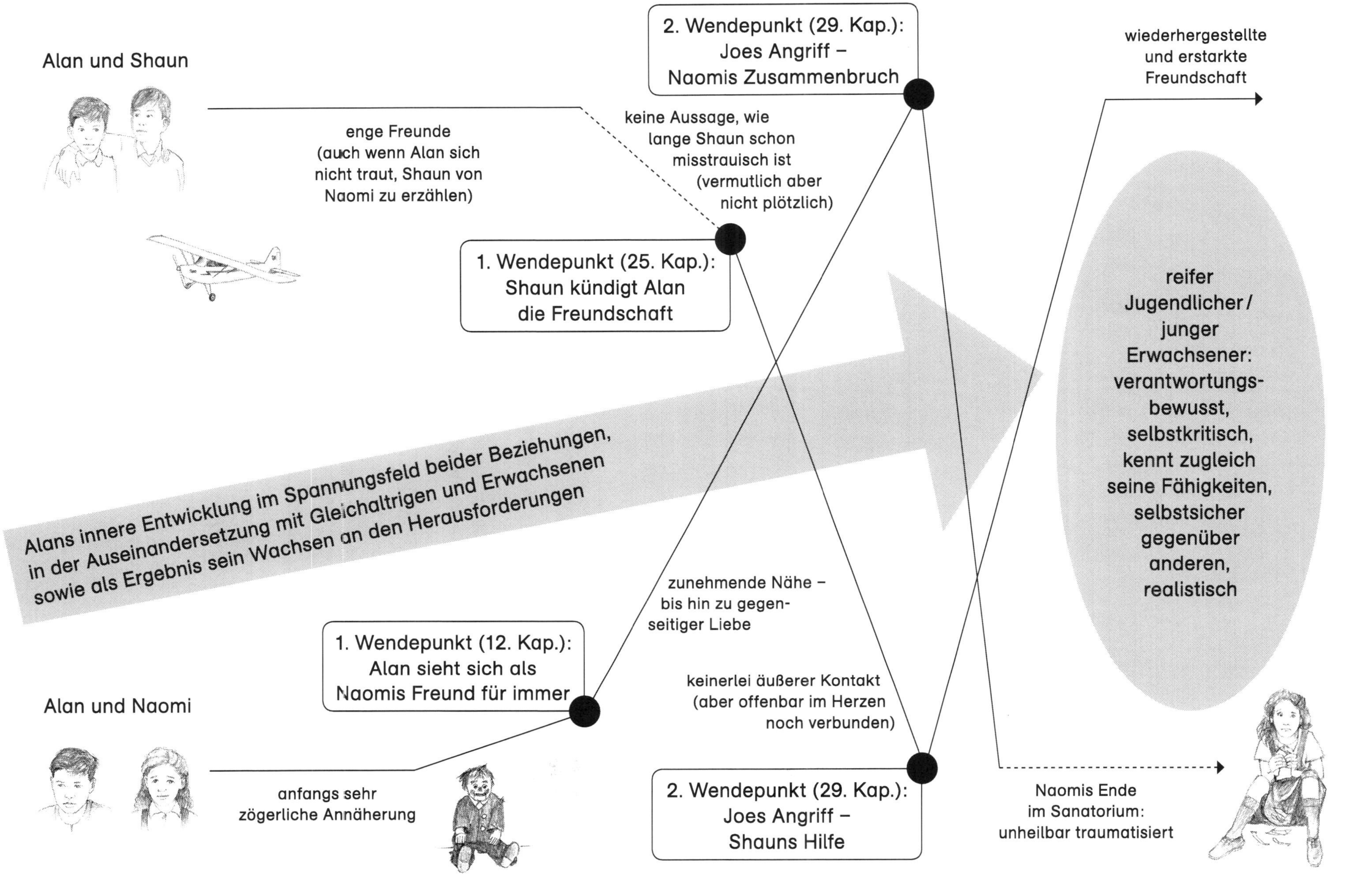

Alan und Shaun

enge Freunde (auch wenn Alan sich nicht traut, Shaun von Naomi zu erzählen)

1. Wendepunkt (25. Kap.): Shaun kündigt Alan die Freundschaft

keine Aussage, wie lange Shaun schon misstrauisch ist (vermutlich aber nicht plötzlich)

2. Wendepunkt (29. Kap.): Joes Angriff – Naomis Zusammenbruch

wiederhergestellte und erstarkte Freundschaft

Alans innere Entwicklung im Spannungsfeld beider Beziehungen, in der Auseinandersetzung mit Gleichaltrigen und Erwachsenen sowie als Ergebnis sein Wachsen an den Herausforderungen

reifer Jugendlicher / junger Erwachsener: verantwortungsbewusst, selbstkritisch, kennt zugleich seine Fähigkeiten, selbstsicher gegenüber anderen, realistisch

Alan und Naomi

anfangs sehr zögerliche Annäherung

1. Wendepunkt (12. Kap.): Alan sieht sich als Naomis Freund für immer

zunehmende Nähe – bis hin zu gegenseitiger Liebe

keinerlei äußerer Kontakt (aber offenbar im Herzen noch verbunden)

2. Wendepunkt (29. Kap.): Joes Angriff – Shauns Hilfe

Naomis Ende im Sanatorium: unheilbar traumatisiert

Typisch …

1. Ordne die Adjektive zu und trage weitere Eigenschaften ein, die aus deiner Sicht passen.

zurückhaltend	ordentlich	temperamentvoll	geschäftstüchtig	oberflächlich
pflichtbewusst	arrogant	stolz	aggressiv	gesellig

Typisch deutsch: ______________________________

Typisch türkisch: ______________________________

Typisch französisch: ______________________________

Typisch jüdisch: ______________________________

Typisch amerikanisch: ______________________________

Typisch japanisch: ______________________________

2. Vergleicht eure Ergebnisse und sprecht darüber.

3. Welche Gruppe in Aufgabe 1 fällt aus der Reihe? Warum?

____

____

4. Weshalb haben wir Vorurteile? Sind sie immer etwas Schlechtes? Schreibe auf.

____

____

____

____

____

____

____

____

____

Von Vorurteilen zu Feindbildern

Ergänze den Lückentext.

Feindbild	„geldgierigen Juden“	Stärke	europäische Juden	Lebensunterhalt	Neid	verantwortlich	Missmut
Vorurteile	Feind	ausgegrenzt	schamlos	verschwinden	Schrecken des Krieges		

Der Erste Weltkrieg (1914–1918) hinterließ Deutschland in einem katastrophalen Zustand: Die wirtschaftliche Lage war verheerend und die Bevölkerung gezeichnet von den ______________________. Verstärkt wurde ihr ____________ durch die sogenannte Dolchstoßlegende, die einen angeblichen Verrat an den deutschen Soldaten als Ursache der Niederlage verbreitete. Die Verzweiflung der Menschen bildete die Grundlage für den Aufstieg der Nationalsozialisten, die das Elend ____________ für ihre Zwecke ausnutzten. Um einen Schuldigen zu haben, der als gemeinsamer ____________ bekämpft werden konnte, brauchten sie einen „Sündenbock“: Die Juden sollten die Kriegsniederlage herbeigeführt haben und zudem für die Wirtschaftskrise ________________ sein. Adolf Hitler und seine Verbündeten schürten ________________, die es bereits seit langer Zeit gab. Schon im Mittelalter wurden Juden als „Christus-Mörder“ beschimpft. Da sie viele Berufe nicht ausüben durften, verdienten sie sich ihren ________________ durch das Verleihen von Geld. Deshalb galten sie als geschäftstüchtig. Hitler machte sich das Bild vom ______________________ zunutze. In Filmen und auf Plakaten wurden Juden als Wohlhabende dargestellt, während andere unter der Krise litten. So wurde ____________ erzeugt. Nach und nach bauten die Nazis ein ________________ auf und präsentierten eine Lösung: Die Juden müssten ______________, dann würde Deutschland wieder zu alter ____________ zurückfinden. Viele glaubten ihnen. 1932 wurde die Nationalsozialistische Deutsche Arbeiterpartei (NSDAP) zur stärksten Kraft gewählt, 1933 kam Hitler an die Macht. Die Juden wurden ________________ und verloren schrittweise ihre Rechte. Ab 1935 durften jüdische und nichtjüdische Deutsche nicht mehr heiraten. Später mussten sie einen gelben Stern tragen. Die Diskriminierungen gipfelten in einer beispiellosen systematischen Verfolgung, die sechs Millionen ______________________ das Leben kostete.

Erzählerische Mittel und Techniken

Entscheide, welche erzählerischen Mittel und Techniken in Myron Levoys Roman vorkommen. Notiere dazu auch beispielhafte Belegstellen.

Erzählerische Mittel und Techniken	Anwendung auf den Roman
Wer erzählt? Ich-Erzähler, Er- / Sie-Erzähler	
Aus welcher Perspektive (Sichtweise) wird erzählt? auktorialer, personaler, neutraler Erzähler	
Wie wird mit der Zeit umgegangen? durchgehend chronologisches Erzählen, Rückblenden, Vorausdeutungen	
Wie detailliert wird das Geschehen erzählt? Erzählerbericht, szenische Gestaltung	
Welche Redeformen kommen vor? (auch zur Wiedergabe von Gedanken) direkte Rede, indirekte Rede, innerer Monolog	
Wie wird die Handlung aufgebaut? Handlungsstränge und ihr Zusammenhang, Wendepunkt, Höhepunkt, Zirkelkomposition	
Gibt es Leitmotive, die sich durch die Handlung ziehen?	